Technik in gottgegebenen Zeiten

Bernhard Mitterauer

Technik in gottgegebenen Zeiten

Architektonische Psychopathologie

PETER LANG
Frankfurt am Main · Berlin · Bern · Bruxelles · New York · Oxford · Wien

Bibliografische Information der Deutschen Nationalbibliothek
Die Deutsche Nationalbibliothek verzeichnet diese Publikation in der Deutschen Nationalbibliografie; detaillierte bibliografische Daten sind im Internet über <http://www.d-nb.de> abrufbar.

Gedruckt auf alterungsbeständigem,
säurefreiem Papier.

ISBN 978-3-631-58459-0

Printed in Germany 1 2 3 4 5 7

www.peterlang.de

In memoriam Hans Estermann

Danksagung

Johannes Klopf hat die Organisation dieses Buchprojektes übernommen, wofür ich ihm besonders danke. Dasselbe gilt für Ulrike Klopf. Sie hat den Text geschrieben und die Korrekturen vorgenommen. Günther Nöhmer, der die Graphiken und Tabellen erstellt hat, bin ich ebenfalls sehr zu Dank verpflichtet.

Vorwort des Autors

Meine „Technik in gottgegebenen Zeiten“ ist ein Versuch, die Rolle subjektiver Systeme – vor allem des Menschen – im göttlichen Universum zu reflektieren. So gesehen kann man auch von einer Gottesauslegung im Sinne der Theodizee sprechen. Meine Überlegungen sind von einer neuen Zeitphilosophie getragen, indem von 3 Zeitkonzeptionen ausgegangen wird, nämlich Ontogenese, Evolution und Permanenz. Günther hat eine universale Strukturtheorie (Kenogrammatik) entdeckt, auf deren Grundlage ein einfaches geometrisches Modell entwickelt wird, welches ich als Kugel-Plätzesystem bezeichne.

Von diesem Modell lassen sich sowohl die zeitlose Existenz subjektiver Systeme als auch ihre Dialektik zwischen Diskontexturalität und Polykontexturalität ableiten. Nach Günther entstehen nämlich die unendlich vielen Wirklichkeitsbereiche eines jeden Universums dadurch, dass radikale Brüche zwischen ihnen vorhanden sind, Diskontexturalitäten genannt. Bestimmte Wirklichkeitsbereiche können sich aber vermitteln, so dass größere Wirklichkeitszusammenhänge im Sinne von Polykontexturalität entstehen. Damit wird dem Holismus klassischer Theorien eine Absage erteilt. Das gilt vor allem auch für die Hirnforschung und die biologische Psychiatrie. So lässt sich beispielsweise zeigen, dass, wenn das Gehirn völlig holistisch operiert, es dann zu einer wahnhaften Fehlinterpretation der Umwelt kommen kann, weil die Eigenständigkeit der vielen ontologisch getrennten Wirklichkeitsbereiche (Menschen, Tiere, Objekte) nicht mehr erkannt werden kann.

Meine metaphysischen Betrachtungen über die technischen Möglichkeiten des Menschen beziehen sich zunächst auf die Entwicklung neuer Materialien schon während der Ontogenese, so dass sich der Mensch dadurch – von Gottes Gnaden – einen neuen und damit evolutiven Raum erschafft. Der Mensch ist aber frei, seine materielle Evolution sowohl konstruktiv als auch destruktiv einzusetzen.

Was die Interpretation des kosmischen Kugel-Plätzesystems, das alle subjektiven Systeme in Gott erfasst, betrifft, so werden auch neue Entwicklungen aus der theoretischen Physik herangezogen. Dasselbe gilt für Fragen der Willensfreiheit und vor allem des Bewusstseins, wo sich zeigt, dass die experimentelle Hirnforschung an ihre Grenzen gestoßen ist. Günther (1963) hat in seinem bahnbrechenden Buch „Das Bewusstsein der Maschinen“ bereits in den 60er Jahren formale Grundbedingungen für bewusstseinsfähige Roboter beschrieben. Dieser

Ansatz ist aktueller denn je, weil wir durch Experimente an biologischen Gehirnen die das Bewusstsein erzeugenden Prinzipien nicht erfassen können. Es entspricht nicht dem Zeitgeist, wenn ich davon ausgehe, dass die Frage der Entstehung von Bewusstsein ein metaphysisches Problem darstellt, das wir bestenfalls über die Robotik schrittweise säkularisieren können.

Ich versuche daher aus dem biblischen Schöpfungsbericht grundlegende Prinzipien göttlicher Schöpfung zu erkennen, welche auch für die menschliche Technik und für bewusstseinsfähige Roboter gelten müssten. Als formales Modell wird dabei das Kugel-Plätzesystem angewandt.

Die gesamte Abhandlung ist in Paragraphen geschrieben. Jeder Paragraph beschreibt ein bestimmtes Thema aus den Perspektiven der Technik, der Theodizee, der Naturphilosophie und Kybernetik. So gesehen kann der Leser irgendwo beginnen. Meine Gottesauslegung und deren immanente Themen wie Permanenz subjektiver Existenz und Dialektik zwischen Gut und Böse wird vor allem anhand vergleichbarer philosophischer Überlegungen in der Leibniz'schen Theodizee diskutiert.

Gotthard Günther, dessen Schüler und später Freund ich sein durfte, hat nicht nur eine neue Theorie subjektiver Systeme entwickelt, sondern auch in seinen formalen Texten metaphysische Fragen der Philosophiegeschichte in ein neues Licht gerückt und auch Bibeltexte einer entsprechenden Interpretation unterzogen. Der vorliegende Essay ist ein bescheidener Versuch, diese Tradition fortzusetzen.

Im zweiten Teil des Buches wird unter dem Titel „Architektonische Psychopathologie“ meine neue Theorie der so genannten Geistes- und Gemütserkrankungen (Depression, Manie, Wahn bzw. Schizophrene) – auch endogene Psychosen genannt – vorgestellt. Es handelt sich dabei um einen eigenständigen Beitrag. Meine Philosophie der Technik fließt insofern ein, als die Psychosen wesentlich dadurch entstehen könnten, dass diese Patienten an ihren nicht-machbaren Intentionen festhalten müssen und daran existentiell scheitern. Dabei spielen auch Störungen im subjektiven Zeiterleben eine Rolle.

Die architektonische Psychopathologie beruht auf einem neuen Hirnmodell und wird mit interdisziplinären Mitteln für die Depression, Manie und Schizophrenie dargestellt.

Inhaltsverzeichnis

Technik in gottgegebenen Zeiten

Paragraph I

Ontogenese, Evolution und Permanenz. Durch diese drei Prinzipien der Zeit ist jedwedes Geschehen in jedwedem Universum bestimmt. Sie gelten daher auch für den Menschen (Mitterauer 1989; 2004a).

Paragraph II

Geht man von diesen drei Prinzipien der Zeit aus, so haben wir es nicht nur mit einer Zeit schlechthin, sondern mit drei Zeiten zu tun. Ihr Zusammenspiel erzeugt den metaphysischen Hintergrund, auf dem sich Wirklichkeiten verändern können, obwohl sie virtuell (potentiell) immer schon existent sind. Philosophie ist daher ein Streben, die geltenden Realitäten im unauslotbaren Hintergrund des Universums zu entdecken. Wenn man dann an die Grenzen eigener Erkenntnisfähigkeit stößt, sollte eigentlich die Erleuchtung kommen, dass die Frage nach der ewigen Wahrheit keine rationale, sondern eine Glaubensfrage ist. Die nun folgenden Überlegungen können daher nur einen Versuch darstellen, universale Wirklichkeiten aus dem Blickwinkel des Zusammenspiels der drei Zeitabläufe zu beschreiben.

Paragraph III

In der Ontogenese sind die Endzustände bereits durch die Anfangszustände festgelegt. Diesen Zeitabschnitt kann man auch als Erfüllung eines Programms bezeichnen. Ontogenese lässt sich durch einen Doppelpfeil (↔) darstellen. Biologisch gesehen, wird bereits mit dem Zeugungsprogramm die Todeszeit festgelegt.

Paragraph IV

Evolution ist hingegen eine nach vorne offene Zeit. Sie beginnt irgendwann und ist potentiell endlos. Evolution kann daher durch einen gerichteten Pfeil (→) dargestellt werden.

Paragraph V

Woher kommt aber nun die Kraft, die diese Zeitabläufe überhaupt ermöglicht und ihren Lauf in Gang hält? Hier ist ein drittes Zeitprinzip erforderlich, welches einerseits die Motorik von Ontogenese und Evolution antreibt und andererseits deren raumzeitliche Strukturen festlegt. Es ist die Zeit der dauernden Kraftgebung, welche ich Permanenz nenne. Dieses Zeitprinzip ist einem rotierenden Kreis (🔄) vergleichbar.

Paragraph VI

Das Zeitprinzip der Permanenz ermöglicht es, eine universale Struktur zu entwerfen, welche naturphilosophisch weiterführt und schließlich eine Gottesauslegung anbietet.

Paragraph VII

Nehmen wir an, dass ein beliebig großer Kreis aus beliebig vielen leeren Plätzen bzw. Orten besteht und dass sich diese Plätze in deren geometrischen Strukturen unterscheiden. Eine bestimmte geometrische Struktur wiederum legt fest, welches Material zur Besetzung dieses Platzes passend ist. Aus biologischer Perspektive ist die Besetzung der Plätze mit passendem Material in zweifacher Hinsicht eingeschränkt: einerseits ist das biologische Material störanfällig, andererseits ist seine Funktion zeitlich begrenzt. Hier handelt es sich um den ontogenetischen Zeitablauf, der unweigerlich zum biologischen Tod führt. Evolution kann daher nur bedeuten, dass sich nicht nur die Menschheit schlechthin, sondern auch der einzelne Mensch in seiner körperlichen Ausstattung weiter entwickeln kann. Denn eine rein geistige Evolution im Sinne wirklich neuer Ideen der Menschheit ist zu bezweifeln. Ideen sind auch unbedeutend, solange sie sich nicht materialisieren bzw. verkörpern lassen. So gesehen ist Evolution das Ins-Werk-Setzen von

Ideen oder Programmen mit immer besseren Materialien. Evolution ist daher wesentlich Technik.

Paragraph VIII

Die Kybernetik beschreibt lebende Systeme wie den Menschen als selbstbezogene Systeme, Kreissysteme also. Ich werde daher das Wechselspiel von Permanenz, Ontogenese und Evolution zunächst am Menschen zu zeigen versuchen.

Paragraph IX

Lassen wir vorläufig die Frage offen, wann und wodurch ein subjektives Kreissystem entsteht und nehmen wir einfach an, dass es spätestens ab der Zeugung funktioniert. Da nun durch die Entwicklung der Körperorgane ein dreidimensionaler Raum entsteht, muss das grundlegende Kreis-Plätzesystem dahingehend modifiziert werden, dass die vielen rotierenden Kreissysteme eine rotierende Kugel bilden. Somit verkörpert eine rotierende Kugel ein subjektives System. Aber was leisten die Kreis-Plätzesysteme eigentlich und wie läuft ihr Zusammenspiel ab?

Paragraph X

Betrachtet man zunächst das menschliche Gehirn, so besteht es aus zahllosen Funktionseinheiten (Kompartements), welche eine spezifische stoffliche Zusammensetzung haben, beispielsweise verschiedene Eiweiße. Dadurch ist jede Funktionseinheit so ausgestattet, dass sie bestimmte Eigenschaften oder Realitäten in der Umwelt berechnen kann. Gleichzeitig laufen diese Funktionen in unterschiedlichen Zeittakten ab – vom Bruchteil einer Sekunde in den Synapsen bis hin zum Tages-Nacht-Rhythmus im Zwischenhirn, um nur zwei Beispiele zu geben. Dabei gilt es als experimentell gesichert, dass es sich um zyklische Zeittakte, also um Kreisabläufe handelt.

Paragraph XI

Was bedeutet es nun, wenn man davon ausgeht, dass die vielen Kreis-Plätzesysteme in einer Kugel der Subjektivität nicht synchron, sondern in unterschiedlichen Zeittakten rotieren? Gotthard Günther (1973) hat in seiner Theorie der Subjektivität dargelegt, dass ein lebendes System zwar selbstbezogen ist, dessen Wirklichkeitsbereiche jedoch nicht nur in einem logischen Zusammenhang stehen, sondern vor allem auch von vielen logischen Brüchen durchzogen sind, sodass viele Bereiche in keinem logischen Zusammenhang stehen. Das erstere Prinzip nennt Günther Polykontexturalität, das letztere Diskontexturalität. Diese Prinzipien lassen sich aus Zeit theoretischen Überlegungen auch auf das Kugel-Plätzesystem der Subjektivität übertragen. Denn Kreis-Plätzesysteme, welche in der Kugel synchron rotieren, bearbeiten eine oder mehrere Realitäten zur gleichen Zeit, sind daher als polykontextural zu bezeichnen. Jene Kreis-Plätzesysteme, die aber in unterschiedlichen Zeittakten rotieren, erfassen die Realitäten zu getrennten Zeitpunkten, wobei für ein Kreissystem eine Umweltinformation eine Rolle spielt, welche für ein anderes zu diesem Zeitpunkt irrelevant ist, was Diskontexturalität bedeutet. Nach Günther ist es gerade diese Diskontexturalität, welche die Individualität subjektiver Systeme und deren Lebensfähigkeit ausmacht.

Paragraph XII

In der Loop-Quantengravitationstheorie von Smolin (2004) ist der Raum körnig und sogar die Zeit macht winzige Quantensprünge. Diese Theorie lässt sich ebenfalls geometrisch darstellen, sie beruht allerdings nicht auf rotierenden Zyklen, sondern es werden Spin-Netzwerke beschrieben, auf deren Knoten Materie existiert. In einer Kugel der Subjektivität kann man die mit Materie besetzten Kreise aufgrund deren funktioneller Eigenständigkeit auch als „körnig“ interpretieren. Wenn wir es allerdings nicht mit einem Universum schlechthin, sondern mit einem subjektiven System wie den Menschen zu tun haben, dann ist dieses System selbstbezogen. Dem Prinzip der Selbstbezogenheit wird das rotierende Kugelsystem gerecht. Fernerhin benötigt eine Kugel der Subjektivität kein Verbindungsnetzwerk wie es Smolin vorschlägt, wo nur auf den Knoten Materie existiert. Hingegen bestehen die Kreise aus Plätzen zur Materialbesetzung. Sind diese Plätze platonischen Ideen vergleichbar, welche nach idealer Verkörperung streben im Sinne einer permanenten Selbstverwirklichung?

Paragraph XIII

Zumindest aus der Perspektive menschlicher Subjektivität ist Evolution ein technischer Prozess. Geht man davon aus, dass unsere Ontogenese durch ein biologisches Material bestimmt ist, welches in einer Lebensspanne zugrunde geht, sodass wir sterben müssen, dann kann die Sehnsucht des Menschen eigentlich nur darin bestehen, die von der Natur zur Verfügung stehenden Materialien nicht nur zu verbessern, sondern auch neue Materialien zu entwickeln. Dadurch kann sich unsere Lebensqualität erhöhen und das Leben sogar in bescheidenem Ausmaß verlängern. Die moderne Medizin ist ein Beweis dafür. Oder, wenn wir mit dem Auto innerhalb weniger Stunden eine ferne Stadt erreichen, ohne Tage lang die Pferde einer Kutsche schinden zu müssen, dann bedeutet diese Entwicklung technische Evolution. Dass man die technische Evolution nicht nur konstruktiv, sondern auch destruktiv sehen muss, ist evident. So kann beispielsweise Atomenergie die Zerstörung der Umwelt durch Stauseen – wie es in China massiv geschehen ist – kompensieren, deren Abfallprodukte sind hingegen für die Umwelt hoch gefährlich.

Paragraph XIV

Jedweder Schöpfungsprozess ist insofern technisch, als er von einem zum kreativen Programm passenden Material im Sinne der optimalen Machbarkeit abhängt. So beschreibt Platon (1983) im Timaios, dass der Demiurg (Weltschöpfer) alles gut machen wollte, allerdings nur „soweit als möglich". Denn, dass ihm nicht alles möglich ist, liegt am Material.

Paragraph XV

Im menschlichen Gehirn – als materieller Apparat gesehen – findet jedenfalls keine Evolution statt, da es todgeweiht ist und materiell ausschließlich der Ontogenese obliegt. Allerdings kann unser Gehirn Programme erdenken, welche aufgrund deren materieller Machbarkeit die Umwelt bzw. die Gesellschaft schon zu Lebenszeiten evolutiv verändern können. Denn trotz nicht perfekter materieller Ausstattung kann in der Kugel der Subjektivität eine Kombinatorik der Plätze stattfinden, weil die Kreissysteme hoch dynamisch sind und sich rotierend in ihren Themen vergleichen können.

Paragraph XVI

Mit dem die Ontogenese und die Evolution tragenden Zeitprinzip der Permanenz ist wesentlich Zeitlosigkeit oder Ewigkeit verbunden. War das Universum immer schon da und ist die Zeit eine Illusion wie Barbour (1999) nachzuweisen versucht? Oder rechtfertigen die hier dargelegten drei Zeitprinzipien die Annahme, dass die Zeiten in ihren Grenzen und Möglichkeiten Gott gegeben sind? Damit will sich diese Schrift nunmehr befassen.

Paragraph XVII

Permanenz ist eine ewige Kreisbewegung. Kurt Gödel (1995) hat nicht nur an den Fundamenten der Mathematik gerüttelt, wodurch er berühmt geworden ist, sondern er hat auch nachgewiesen, dass die Materie rotiert, was weniger bekannt ist. In seinem „Lecture on rotating universes" (1949) hat er sogar diese Rotation so aufgezeichnet, wie ich die Permanenz bereits dargestellt habe, nämlich als rotierender Kreis. In diesen rotierenden bzw. „Gödel Universen" kann keine einzelne objektive kosmische Zeit definiert werden, was Gödel mathematisch bewiesen hat. Damit hat Gödel die Realität von Vergangenheit und Zukunft und damit auch der Ontogenese und der Evolution eliminiert und eine Welt ohne Zeit beschrieben. Gödel hat aber vermutlich nicht gesehen, dass er mit der rotierenden Materie eigentlich ewige Kreisbewegungen formalisiert hat, die einen eigenständigen Zeitbegriff verlangen, welchen ich Permanenz nenne.

Whitehead (1957) hat in seiner Philosophie von Permanenzen gesprochen, ohne eine eigene Zeitkonzeption damit einzuführen: „Permanenzen, welche sich der Erkenntnis entziehen – Erkenntnis ist definiert als Bewusstsein der Gleichheit – erscheinen uns als abstrakte Eigenschaften entweder von Ereignissen oder von Objekten." Wenn man allerdings Permanenz als tragende Zeitkonzeption interpretiert, so sind „die Permanenzen" unserer Erkenntnis wieder zugänglich, weil dadurch eine neue Dimension der Metaphysik säkularisiert wird.

Paragraph XVIII

Es gibt theoretische Physiker, die nachzuweisen versuchen, dass es die Zeit nicht gibt. So spricht Barbour von dem „ewigen Jetzt", basierend auf einem aus platonischen Körpern bestehenden Universum, „Platonia" genannt. Für Barbour ist die Zeit eine Illusion, ebenso jedwede Bewegung. Barbour zitiert Gödel nicht, vielleicht weil es für Gödel gerade deshalb keine Zeit gibt, da sich die Materie in einer ewig rotierenden Kreisbewegung befindet. Barbour ist Pantheist, Gödel hat hingegen an das Paradies geglaubt. Der Briefwechsel mit seiner Mutter bezeugt es.

Paragraph XIX

Quantentheorien der Gravitation lassen vermuten, dass das Universum nicht erst mit dem Urknall begonnen hat. Bisher weiß die Physik allerdings noch nicht, wann die Zeit in Kraft getreten ist. Falls aber die derzeitigen – vermutlich bald überprüfbaren – Theorien, dass das Universum und somit die Zeit schon lange vor dem Urknall existiert haben, zutreffen, dann hat es den Kosmos schon immer gegeben. Selbst wenn er irgendwann kollabiert, wird er ewig fortbestehen (Veneziano 2004). Die gottgegebene Zeit der Permanenz könnte in nicht allzu ferner Zukunft naturwissenschaftlich bewiesen werden. Ein neues kosmologisches Modell nimmt nämlich an, dass das Vakuum mit dunkler Energie erfüllt ist, welche dafür verantwortlich sein könnte, dass das Universum für immer expandiert, was Permanenz bedeutet (Bennett, 2006).

Paragraph XX

Nikolaus Cusanus (1994) hat in seiner „belehrten Unwissenheit“ mathematisch nachzuweisen versucht, dass Gott und somit der Kosmos ewig ist. Er hat wie Platon „more geometrico“ argumentiert. Mithilfe einfacher Skizzen hat der Cusaner bewiesen, dass im Unendlichen Linie, Kreis und Kugel dasselbe sind.

Paragraph XXI

Subjektive Systeme, wie wir Menschen es sind, können nicht von vornherein Unendlichkeit beanspruchen, denn deren Existenz ist evident durch den Tod begrenzt. Dies ist allerdings lediglich unsere Erfahrung aus ontogenetischer Perspektive. Ontogenese ist aber nur eine Zeit. Evolution folgt einer anderen Zeitlogik, wobei beide Zeitkonzeptionen von Permanenz getragen sind. Es ist daher weiterführend, wenn wir Subjektivität zunächst nicht aus dem geometrischen Erklärungsversuch Gottes des Cusaners folgern, sondern am Kugelmodell festhalten. Daraus will ich nun versuchen, eine Metaphysik subjektiver Systeme abzuleiten.

Paragraph XXII

Wenngleich Gödel die permanente Rotation des Universums in Bezug auf die Materie formal nachgewiesen hat, so handelt es sich bei dem Kugel-Plätzesystem zunächst um ein virtuelles System, da die Plätze leer sind. Diese permanent im

Kreis rotierenden Plätze haben eine spezifische (geometrische) Struktur, welche nach Selbstverkörperung drängt im Sinne einer Besetzung mit passendem Material. Die Plätze haben also Intentionen. Intentionen sind wiederum charakteristisch für lebende Systeme bzw. für Subjektivität (Mitterauer, 2007a). Die Kreisbewegung bedeutet daher nicht nur permanente Motorik, sondern auch permanente Intention (Sehnsucht).

Paragraph XXIII

Günther (1962) hat die Kenogrammatik entdeckt. Es handelt sich dabei um ein formales System leerer Plätze mit gleichen oder unterschiedlichen Strukturen (Qualitäten), welche mit Werten besetzt oder nicht besetzt werden können. Erfolgt eine Wertbesetzung, so kann diese nicht mehr verändert werden. Was Günther Wertbesetzung nennt, ist im Kugel-Plätzesystem Besetzung mit passender Materie. Aus ontogenetischer Perspektive ist daher die durch die Zeugung erfolgte Materialbesetzung der Kugel der Subjektivität unveränderlich, sie ist allerdings aufgrund des zunehmenden Unterganges des biologischen Materials krankheitsanfällig und todgeweiht.

Paragraph XXIV

So mancher Physiker vertritt einen radikalen Platonismus. Demnach beschreibt die Mathematik das Universum so perfekt, weil es mathematisch ist. So gesehen stellt die Kenogrammatik das Universum als ein System leerer Plätze dar. Was zumindest subjektive bzw. selbstbezogene Systeme betrifft, so müssen die leeren Plätze zu Kreisen zusammengefasst sein, welche eine rotierende Kugel bilden, was mathematisch noch nachzuweisen ist.

Paragraph XXV

Wenn man Permanenz radikal interpretiert, dann ist nicht nur die Kreismotorik ewig, sondern es gibt auch keinen Anfang und kein Ende der Kreis-Plätzesysteme der Subjektivität. In anderen Worten: als virtuelle Wesen waren alle subjektiven Systeme schon immer da und werden immer da sein. Dies klingt nach platonischer Ideenlehre, meine Argumentation ist jedoch nicht dieselbe.

Paragraph XXVI

Die Kugel-Plätzesysteme der Subjektivität sind zwar permanent, jedoch hierarchisch aufgebaut. Aus der Logik der Permanenz folgt zunächst, dass es ein unendliches Kreissystem bzw. ein unendlich rotierendes Kugelsystem geben muss, welches an Potenz alles übertrifft und sich alle anderen Kugelsysteme in ihm befinden. Hier kann man von einem omnipotenten kosmischen Prinzip sprechen oder es Gott nennen. Wenn man es Gott nennt, so ist dies eine Gnade. Die hierarchische Architektur des Kosmos kann man sich von einer punktförmig rotierenden Kugel über unendlich viele Zwischenstufen bis hin zur unendlichen Kugel vorstellen, welche für mich den Gottesbegriff beinhaltet.

Paragraph XXVII

Was könnten diese immer größeren Kugeln in einem unendlichen Universum für subjektive Systeme wie uns Menschen bedeuten? Die Ontogenese ist eine Zeit des Übergangs. Die Möglichkeiten der Materialbesetzung unserer Kugel-Plätzesysteme sind zeitlich begrenzt und durch den Untergang des biologischen Materials abgeschlossen. Es besteht aber die Möglichkeit einer existenziellen Evolution. Damit ist ausgedrückt, dass Gott unser Kugel-Plätzesystem durch neue Plätze erweitert, wofür wiederum ein neues passendes Material zur Verfügung steht. So ist in der Bibel zu lesen, dass der Mensch nach dem Tod einen neuen und besseren Leib bekommen wird. Legt man diese Überlegungen zugrunde, dann besteht die Möglichkeit, ein höheres Wesen zu werden wesentlich darin, dass sich nicht nur unsere virtuelle Potenz erweitert, sondern dass unsere existenzielle Evolution auch von der entsprechenden Materialisierung bzw. Verkörperung abhängt. Es handelt sich daher um keine rein geistige Hierarchie im Sinne eines Aufstieges zu Gott, sondern diese Hierarchie muss auch von einer immer besseren Verkörperung des Kugel-Plätzesystems abhängen.

Paragraph XXVIII

In der Kosmologie gibt es die Theorie der parallelen Universen (Tegmark, 2003). Demnach ist der Weltraum unendlich und alles irgendwie Mögliche wird irgendwo verwirklicht. Es handelt sich dabei um Multiuniversen mit vielfältigen Eigenschaften und Naturgesetzen, welche vom Blickwinkel des irdischen Universums – also vom Menschen aus – mathematisch nicht gelöst werden können. Denn es bestehen zwischen den Universen radikale Brüche, die wir Diskontexturalität nennen. Eine „Weltformel“ kann daher nur die alles umfassende, ewig rotierende, unendliche Kugelgestalt Gottes haben, deren mathematische Darstellung sich dem Menschen entzieht.

Paragraph XXIX

Unsere irdische Existenz ist diskontextural zu jener der bereits Verstorbenen oder schärfer noch zu jener der noch nicht oder niemals verkörperten subjektiven Systeme. Eine direkte Verbindung zu unseren Toten ist daher ein naiver Glaube und eine Illusion.

Paragraph XXX

Die Darstellung von Nikolaus Cusanus wie die göttliche Vorsehung die Gegensätze vereinigt, ist ein Höhepunkt der abendländischen Metaphysik. Cusanus schreibt: „Die menschliche Natur ist einfach und einheitlich. Käme ein Mensch zur Welt, dessen Geburt niemals hätte erwartet werden können, so würde der menschlichen Natur nichts hinzugefügt werden. Ebenso würde ihr nichts entzogen, wenn er nicht geboren würde, wie ihr auch nichts entzogen wird, wenn Menschen sterben, die geboren sind. Der Grund dafür liegt darin, dass die menschliche Natur ebenso die umfasst, die sind, wie die, welche nicht sind und nicht sein werden, obwohl sie sein könnten. In gleicher Weise würde der göttlichen Vorsehung nichts hinzugefügt, wenn etwas geschähe, was nie sich ereignen wird, da sie sowohl das in sich trägt, was geschieht, wie das, was nicht geschieht, aber geschehen könnte. Wie also vieles in der Materie der Möglichkeit nach ist, was niemals geschehen wird, so ist im Gegensatz dazu alles, was nicht geschehen wird, aber geschehen könnte, nicht der Möglichkeit nach, sondern in Wirklichkeit, wenn es in der göttlichen Vorsehung ist.“ Ich habe Cusanus deswegen so ausführlich zitiert, weil man vom Modell der permanent rotierenden Kugel-Plätzesysteme diese Metaphysik oder Gottesauslegung (Theodizee) des Cusaners ableiten kann. Dies insbesondere deshalb, weil die virtuellen Strukturen ewig vorhanden sind und die leeren Plätze – nach der Vorsehung Gottes – besetzt oder nicht besetzt werden können.

Paragraph XXXI

An der mathematischen Lösung des Problems, seit wann es die Materie gibt oder ob sie ewig ist, arbeitet die theoretische Physik schon seit Jahren. Bisher ist das Problem ungelöst. Man muss sich zu allererst bewusst sein, dass dieses Problem höchstens für die Art der Materie, welche unser Universum besetzt, zu lösen ist. Jedoch nicht für andere Universen, die uns absolut unzugänglich sind und wo andere Arten der Materie das Universum verkörpern. Allerdings müsste, wenn man unser Kugel-Plätzemodell zugrunde legt, auch die Materie ewig sein. Dabei sind evolutive Sprünge nahe liegend, was die Verbesserung und Funktionsdauer des Materials betrifft. Zumindest in einem paradiesischen Endzustand müsste die Materie ewig funktionieren. Unsere existenzielle Evolution im Sinne zunehmender Erweiterung unseres Kugel-Plätzesystems ist daher von einer entsprechenden materiellen Evolution begleitet. Da das Wesen der Technik in der Machbarkeit von Programmen bzw. von Intentionen liegt, ist unsere existenzielle Evolution von der Technik Gottes bestimmt, indem er uns sowohl die Erweiterung unserer subjektiven Strukturen ermöglicht, als auch das passende Material zu deren Verwirklichung zur Verfügung stellt.

Paragraph XXXII

Wo wir wirklich die Evolution mitbestimmen können, ist unser technisches Handeln während unserer jeweiligen Lebenszeit im Sinne der Ontogenese. Wir können mit den natürlich vorhandenen Materialien eine Kombinatorik betreiben, sodass zwar nicht völlig neue Materialien entstehen, jedoch welche mit speziellen und besseren Funktionen als die bisherigen. Ein Beispiel sind die Kunststoffe, die niemals rosten und daher eine längere Funktionsdauer als Eisen haben. Wenn nun Menschen derartige Materialien mit neuen und besseren Funktionen entwickeln, so kommen diese Materialien noch vielen Generationen zugute. Da auf diese Weise die Ontogenese des Einzelmenschen überdauert wird, kann man von einer materiellen Evolution in unserem Universum sprechen.

Paragraph XXXIII

Mit der biologischen Evolution verhält es sich allerdings anders. Hier haben wir davon auszugehen, dass bei den subjektiven Systemen, die unser Universum beleben, ebenfalls eine vorgegebene hierarchische Ordnung besteht. Was im gesamten Kosmos als Grundprinzip gilt, muss auch in unserem Universum gelten. In anderen Worten: die Kugel-Plätzesysteme beginnen in kleinster Struktur im Sinne ganz einfacher Lebewesen und machen dann Sprünge in Form einer zunehmenden Komplexität (neue Plätze) bis hin zum Menschen. Diese Hierarchie der zunehmenden Komplexität der Kugel-Plätzesysteme in unserem Universum bzw. auf der Erde ist von Gott gegeben. Biologische Evolution als unvorhersehbarer Zufallsprozess ist daher einer der größten Irrtümer der derzeitigen Wissenschaft.

Paragraph XXXIV

Nicht aus religiöser, sondern aus metaphysischer Sicht liegt das schöpferische Potenzial des Menschen in einer Art Selbstinstrumentalisierung mit immer funktionsfähigerem Material. Hier sind vor allem die Informationstechnik und die Medizintechnik bis hin zu immer besseren Medikamenten anzuführen. Da wir aber bei unseren technischen Entwicklungen absolut von der ontogenetischen Zeitbeschränkung und von den durch die Permanenz garantierten Existenzmöglichkeiten abhängen, betreiben wir Technik in gottgegebenen Zeiten.

Paragraph XXXV

Wenn man in der Zeittheorie nur Ontogenese und Evolution berücksichtigt oder gar von der Zeit schlechthin spricht, ohne von der Permanenz auszugehen, dann entgeht einem jene tiefe metaphysische Dimension, welche uns an die Grenzen unseres Gottesverständnisses führt. Dasselbe gilt aber auch für die Interpretation menschlicher Technik. So hat Heidegger (1978) das Wesen der Technik nicht erkannt, sondern mehr oder weniger eine sprachphilosophische Abhandlung darüber geschrieben. Dies verwundert nicht, da Heidegger (1972) in seinem großartigen Werk „Sein und Zeit“ von einem klassischen Zeitbegriff im Sinne einer Zeit schlechthin ausgegangen ist.

Paragraph XXXVI

Man könnte nun sagen, dass in einem Kosmos, der auf dem Zeitprinzip der Permanenz beruht und als Kugel-Plätzesystem konstruiert ist, jedwedes Universum eigentlich subjektiv, das heißt beseelt ist, im Sinne eines Panpsychismus. Schärfer noch, in diesen Universen ist alles göttlich (Pantheismus). Einen Panpsychismus oder Pantheismus hat so mancher große Philosoph wie etwa Spinoza (1982) und Leibniz (1956) vertreten. Als Zeitgenosse sei der Physiker und Philosoph

Barbour genannt. Mein System ist jedoch aus folgenden Gründen weder panpsychistisch noch pantheistisch: wie ich anfänglich ausgeführt habe, besteht bei subjektiven Systemen eine Diskontexturalität zwischen den die Kugel bildenden Kreis-Plätzesystemen. Diskontexturalität kommt vor allem durch nicht synchron ablaufende Zeitrhythmen der Kreise zustande. Wo hingegen Relationen durch Synchronizität zwischen den Kreisen bestehen, ist Polykontexturalität vorhanden. In subjektiven Systemen handelt es sich daher nur so lange um „lebende" Materie, als das System nicht nur polykontextural, sondern vor allem auch diskontextural funktioniert. Man könnte auch sagen, dass lebende Materie wesentlich diskontextural ist. Nimmt ihre Diskontexturalität zunehmend ab, so wird das Kugel-Plätzesystem immer mehr holistisch, bis es schließlich über keine Diskontexturalität mehr verfügt. Nach Günther geht mit der Abnahme der Diskontexturalität lebende Materie zunehmend in tote Materie über. Legt man allerdings unser Modell zugrunde, so rotiert die tote Materie weiter nach dem Prinzip der Permanenz, was Gödel mathematisch bewiesen hat. Das Kugel-Plätzesystem des Kosmos ist daher nicht panpsychistisch oder pantheistisch, da zwischen subjektiver Verkörperung des Systems und der objektiven Materie unterschieden wird. So gesehen unterscheidet sich mein Modell des Kosmos wesentlich von Leibniz'schen Monaden.

Paragraph XXXVII

Für viele schizophrene Patienten, die an einem chronischen Wahn leiden, womit eine Auflösung der Grenzen des Selbst einhergeht und das Gehirn als Universum schlechthin erlebt wird, gibt es keine Zeit, sondern nur das „ewige Jetzt". Dazu habe ich mit einem meiner Patienten dieses Gespräch geführt: „Sie sind überzeugt, dass das Paradies bald kommen wird. Ist das Paradies nicht immer schon da, sodass es eigentlich keine Zeit gibt?" Der Patient antwortet darauf: „Die Zeit gibt es schon, wenn es jetzt 10.00 Uhr ist und es vorher noch 09.00 Uhr war. Aber ich sehe das Ganze so: Hier ist Gott und da das Paradies, jetzt gehe ich den Kreislauf zurück zu Gott." Ich sage darauf: „Dann ändert sich eigentlich nichts. So gesehen gibt es dann keine Zeit." Der Patient bemerkt spontan dazu: „Sowieso nicht." Die Kreisdarstellung des Patienten entspricht dem, was Gödel formal in seinem Universum der permanent rotierenden Materie nachgewiesen hat und daher zu dem Ergebnis gekommen ist, dass es die Zeit schlechthin nicht gibt. Diese Einsicht des Patienten ist allerdings teuer durch die Wahnerkrankung erkauft.

Paragraph XXXVIII

Wie kommt es eigentlich dazu, dass ein kranker Mensch zu solch tiefer Einsicht kommt, welche nur wenige normale Menschen haben? Meinem Modell der Subjektivität zufolge geht es in der Ontogenese um die Besetzung rotierender Plätze in einer Kugel mit passendem Material. Kommt es nun zu einer Besetzung gewisser Plätze mit nicht funktionierendem Material, so wird das normale Selbstbewusstsein verändert. Im Gehirn erfolgt dann aufgrund nicht funktionierender Eiweißstoffe eine Generalisierung der Informationsverarbeitung, womit die Auflösung der Grenzen zwischen dem Selbst und der Umwelt einhergeht, sodass das Gehirn zum Universum schlechthin wird. Diese Patienten sprechen daher nur von einem „allgemeinen Fall". Es geht ihnen beispielsweise nicht wirklich um den einzelnen Menschen, sondern immer nur um die Menschheit schlechthin. Da die Informationsverarbeitung im Gehirn ununterbrochen erfolgt, erleben sich diese Menschen in einem permanenten Funktionszustand, der sich gleichsam im Kreise dreht. Auf diese Weise empfinden sie das Zeitprinzip der Permanenz sozusagen am eigenen Körper.

Paragraph XXXIX

Wenn man davon ausgeht, dass die leeren Plätze eines subjektiven Kugel-Plätzesystems danach streben bzw. intendieren, ihrer Struktur entsprechend mit passendem Material besetzt zu werden, was die technische Machbarkeit der Intentionen bedeutet, so können schizophrene Patienten aufgrund unpassender und funktionsunfähiger biologischer Materialbesetzung ihre Intentionen bereits im Gehirn nicht realisieren. Der Alltag dieser Patienten ist daher von Wahnideen bestimmt, die zumindest im „irdischen" Universum nicht realisierbar sind. Die Patienten haben jedoch noch einfache Bedürfnisse, die realisierbar sind. Deren Realisierbarkeit ist keinesfalls ideell, sondern erfolgt ausschließlich über die Bereitstellung materieller Dinge wie Essen, Geld sowie Gegenstände für die Alltagsbewältigung. Durch materielle Zuwendung kann man daher die wahnhaft-illusionäre Dysintentionalität (Nicht-Machbarkeit der Intentionen) verringern, sodass diese Patienten über materielle Kommunikation eine bessere Lebensqualität erreichen (Mitterauer, 2005a).

Paragraph XL

Bei tieferem Blick erfolgt Kommunikation stets über das Materielle. Zum Verständnis jedweder menschlicher Kommunikation ist prinzipiell davon auszugehen, dass die Technik der Materialbesetzung des Kugel-Plätzesystems durch den Untergang der Materie in der Zeitspanne der Ontogenese determiniert ist. Dies bedeutet wiederum einen ontogenetischen Druck – eine Art Torschlusspanik – die Intentionen zu realisieren. Realisieren heißt eigentlich verdinglichen. So gesehen ist zwischenmenschliche Kommunikation ein Kampf um die Verdinglichung des Anderen. Man kann auch von Bemächtigung sprechen. Hier gibt es viele Spielarten.

Paragraph XLI

Da ich die evolutionäre Technik bereits in den wesentlichen Zügen abgehandelt habe, möchte ich noch auf die Technik der Kommunikation in ihrem konstruktiven und destruktiven Wesen während der Zeitspanne menschlicher Ontogenese näher eingehen. Es handelt sich dabei um keine psychologischen Interpretationen, sondern es sind Konsequenzen, die sich aus dem Modell des Kugel-Plätzesystems menschlicher Subjektivität folgern lassen.

Paragraph XLII

Beginnen wir mit den konstruktiven Momenten der Technik zwischenmenschlicher Kommunikation. Das elementare Postulat ist dabei, dass Kommunikation letztlich und stets über das Materielle erfolgt. Es kann ja nicht anders sein, wenn man annimmt, dass ideelle Intentionen nur durch das Körperliche realisiert werden können. Das allererste Beispiel ist unser Gehirn. Um eine Kommunikation mit der Umwelt überhaupt aufnehmen zu können, ist das Gehirn so ausgestattet, dass es beispielsweise beim Sehen die Photonen aus der Umwelt materialisiert und erst durch diese Technik ein Bild erzeugen kann. Diese Informationsverarbeitung erfolgt über Synapsen, welche nur deshalb funktionieren können, weil spezifische Substanzen vorhanden sind, die die Informationsübertragung und Berechnung technisch ermöglichen. Es ist eine kybernetische Regel, dass, was intrasystemisch gilt, auch intersystemisch zutrifft. Wir haben daher davon auszugehen, dass die Prinzipien der Technik im Gehirn auch in der zwischenmenschlichen Kommunikation gelten. Demnach kann zwischenmenschliche Kommunikation nur über die Vermittlung materieller Substanzen erfolgen.

Paragraph XLIII

So ist Begreifen eigentlich ein Angreifen von etwas auf sinnlich-materielle Weise. Bezahlen ist wiederum nichts anderes als Zahlen in Form von Geld zu verdinglichen. Diese letztere Art kommunikativer Technik bestimmt uns am meisten. Ein altes Sprichwort sagt daher: „Geld regiert die Welt."

Paragraph XLIV

Aber auch die religiöse Kommunikation erfolgt eigentlich über die Technik des Materiellen. Christen empfinden Gott vielleicht am besten, wenn sie in der Hostie den Leib Christi empfangen. Oder: die christliche Liebe zu den Armen macht letztlich nur einen Sinn, wenn man ihnen mit oder über das Geld hilft. Orthodoxe Christen sind fernerhin überzeugt, dass in der Ikone der Heilige verkörpert ist, sodass die Ikone nicht den Heiligen abbildet, sondern dass die Ikone der Heilige ist. Der Heilige kann gleichsam über die ontogenetische Technik des Gehirns als wirklich wahrgenommen werden. Dies sind alles Beispiele einer konstruktiven ontogenetischen Technik der Kommunikation.

Paragraph XLV

Die destruktiven ontogenetischen Techniken betreffen vor allem die Umwelt und die Tiere. So werden herrliche Orte der Umwelt, die auf ästhetische Weise passendes Material verkörpern, immer wieder zerstört, indem sie mit von Menschen geschaffenem Material besetzt werden: Asphaltierung einer Blumenwiese, Fabrik in einer Aulandschaft. Diese Umweltzerstörung vertreibt die Tiere und beschränkt zunehmend ihren Lebensraum, sodass sie aussterben müssen. Tiere sind aber wie wir Menschen ebenfalls subjektive Wesen. Schon Leibniz hat von Tierseelen gesprochen. In unserer Sprache sind Tiere als Kugel-Plätzesysteme gestaltet und existieren daher nach denselben Zeitprinzipien, so wie sie bereits beschrieben wurden. Das Kugel-Plätzesystem der Tiere hat jedoch noch nicht die Komplexität für ein Ichbewusstsein. Tiere haben daher für ihr Verhalten keinerlei Verantwortung. Wir dürfen den Tieren kein unnötiges Leid zufügen. Dass wir sie töten, liegt allerdings im Wesen der Ontogenese, deren Technik zum Tode führt.

Paragraph XLVI

In der zwischenmenschlichen Kommunikation hat die ontogenetische Technik viele destruktive Gesichter. Die Entwicklung neuer Techniken bzw. Materialien wird mit Geld aufgewogen, was Macht bedeutet. Diese technische Gier nach Geld und Materialien geht immer auf Kosten anderer Menschen. Damit ein Konzern noch mehr verdient, werden Mitarbeiter entlassen. Kriege werden nicht um der Gerechtigkeit willen, sondern um Rohstoffe wie beispielsweise Öl geführt.

Paragraph XLVII

Der ontogenetische Zeitabschnitt ist durch Entstehen und Vergehen bestimmt – Zeugung und Tod. Ebenso entwickelt sich die Technik aus dem Wechselspiel zwischen konstruktiver und destruktiver Technik. Die materielle Evolution des Menschengeschlechtes ist daher nicht nur durch die Verbesserung der Funktionen von ursprünglich natürlichen Materialien bestimmt, sondern bedeutet gleichzeitig Selbstzerstörung. Davon ist auch der Einzelmensch betroffen. Die biotechnische Ausstattung unseres Gehirns macht uns nicht nur lebensfähig und kreativ, sondern sie wird gleichzeitig auch durch den programmierten Zelltod – Apoptose genannt – determiniert, welcher einen destruktiven Mechanismus bewirkt.

Paragraph XLVIII

Nun gibt es aber Menschen, die vom Anfang ihrer irdischen Existenz an mit nicht funktionierendem biologischen Material ausgestattet sind oder denen bestimmte Substanzen überhaupt fehlen. Diese Schwäche zeigt sich dann in einer Störung der Lebensbewältigung und bedeutet immer eigenes Leid und zumindest eine große Herausforderung an die Mitmenschen. Der Sinn des Leides ist ein Mysterium. Nur der Glaube an die Weisheit Gottes bleibt hier übrig. So ist auch das Erklärungsmodell der Erbsünde eine reine Glaubensfrage. Naturwissenschaftlich ist der Sinn des Leides jedenfalls nicht begründbar. Vor allem können Philosophen, die behaupten, dass der gesamte Kosmos einschließlich aller Dinge und Lebewesen göttlich ist, das Leid überhaupt nicht erklären.

Paragraph XLIX

Da Gott nicht nur die ewige Existenz subjektiver Systeme in seiner unendlichen Kugelgestalt gleichsam beinhaltet, sondern auch das zur Verfügung stehende Material zur Selbstverkörperung in Ontogenese und Evolution bestimmt, kann eigentlich Leid nur den Sinn haben, unser Bewusstsein für ein höheres und besseres Leben herauszufordern.

Paragraph L

Das Zeitprinzip der Permanenz zeigt sich bei vielen Menschen in deren Intentionen. Wir haben nicht nur ständig Wünsche und Strebungen, sondern auch eine mehr oder weniger bewusste Sehnsucht nach dem Bleibenden. Da wir alle sterben müssen, stehen wir daher vor der existenziellen Frage, ob es ein Weiterleben im Jenseits gibt. Die kosmologische Theorie der parallelen Universen könnte weiterführend sein. Demnach ist unser Universum eines von vielen und die Erde hat unendlich viele Doppelgänger, die wir jedoch nicht erreichen können. Man könnte auch sagen, dass sich unsere Doppelgänger in einem jenseitigen Raum befinden, der uns während unserer irdischen Lebenszeit (Ontogenese) nicht zugänglich ist. Aber vielleicht nach dem Tode?

Man kann in einem Zahlenquadrat, welches Günther (1991) aufgeschrieben hat, zeigen, wie man die Theorie der parallelen Universen philosophisch interpretieren kann.

Abbildung 1 zeigt ein 10-wertiges Zahlenquadrat. Die Zahlen 10 stellen eine Trennlinie dar. Links davon kann man Kreise bilden. Der kleinste Kreis 1, 2, 3, 2, 1 ist eingezeichnet. Auch wenn man größere Kreise bildet, so treten sie alle links von der Trennlinie nur einmal auf. Interpretiert man die Trennlinie (10) als radikale ontogenetische Grenze, so befinden sich die Kreise rechts von der Trennlinie sozusagen in einem Jenseits. Entscheidend ist nun, dass der individuelle linksseitige Kreis (1, 2, 3, 2, 1) jenseits der Trennlinie 7-fach auftritt. Man kann daher die 7 Kreise rechts der Trennlinie als Doppelgänger bezeichnen. Nimmt man nun ein unendlichwertiges Zahlenquadrat an, so gibt es auch unendlich viele Doppelgänger eines jeden (N-wertigen) Kreises, was der Theorie der parallelen Universen entspricht. Da der Kreis im Sinne der Selbstbezogenheit Subjektivität charakterisiert, müsste jeder Mensch im Jenseits unendlich viele Doppelgänger haben. Hier stoßen wir an die Grenzen unserer Erkenntnis und es stellt sich die Gottesfrage.

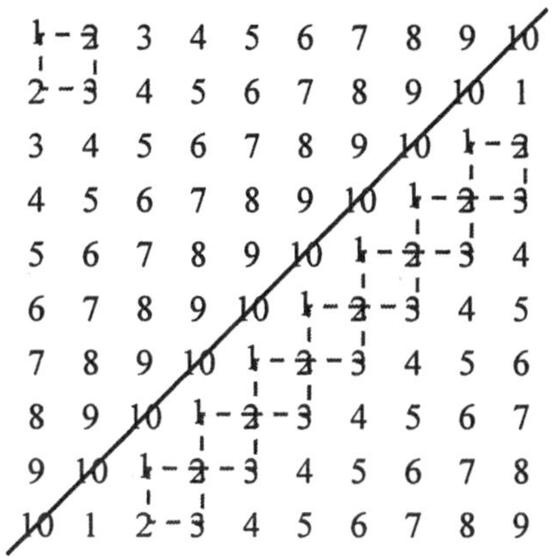

Legende: — Grenze
3-wertiges Quadrat: Minimalkreis

Abbildung 1. 10-wertiges Zahlenquadrat (Günther, 1991)

Paragraph LI

Kurt Gödel hat nicht nur mit seinem mathematischen Modell der rotierenden Materie die Zeitkonzeption der Permanenz gestützt, sondern hat auch einen mathematischen Beweis der Existenz Gottes erbracht (Pickover, 1999). Dieser Beweis wird kontrovers interpretiert und findet eigentlich wenig Zustimmung. Der Grund mag darin liegen, dass man Gott zwar nicht beweisen kann, man kann aber vielleicht beweisen, dass Gott eine reine Glaubensfrage ist. Ich schlage daher folgenden ontologischen Glaubensbeweis Gottes vor:

Axiom 1:	Es existieren Lebewesen.
Axiom 2:	Lebewesen haben Intentionen.
Theorem 1:	Intentionen sind machbar oder nicht machbar.
Definition:	Ein Lebewesen, das alle Intentionen realisieren kann, ist Gott ähnlich.
Axiom 3:	Die Kardinalität (Anzahl) aller möglichen Intentionen im Kosmos ist nicht berechenbar.
Theorem 2:	Notwendigerweise ist die Frage, ob es ein Gott ähnliches Wesen gibt, nicht entscheidbar.
Axiom 5:	Die Existenz Gott ähnlicher Wesen ist daher eine Glaubensfrage.

Dieser Beweis führt letztlich dazu, dass der Glaube an Gott eine Gnade ist. Auch für Kant (1998) kann die Existenz Gottes mit der reinen Vernunft weder bewiesen noch widerlegt werden. Sie ist Sache des Glaubens.

Paragraph LII

Wenngleich die Existenz Gottes letztlich eine Glaubensfrage ist, könnten meine Zeittheorie und das damit einhergehende Kugel-Plätzesystem ein wenig zum Verständnis beitragen, welche Rolle der Mensch im Kosmos spielt. Da der ewige Zeitablauf der Permanenz grundlegend ist und Permanenz letztlich Ewigkeit bedeutet, ist damit der Begriff des Göttlichen verbunden. Wenn es gelingt, ein einfaches (n-wertiges) Kugel-Plätzesystem zu mathematisieren, wofür bereits die Kenogrammatik Günthers vorliegt, dann hätte man entsprechend dem platonischen Realismus der Metaphysik des Universums einen physikalischen Bereich abgerungen. Metaphysik stellt einen unauslotbaren Hintergrund dar. Immer, wenn wir mit mathematischen Mitteln eine Dimension tiefer steigen, dann haben wir einen neuen Bereich der Wirklichkeit säkularisiert.

Der ewige Zeitablauf der Permanenz ist auch der Urgrund, warum trotz aller Brüche zwischen den Wirklichkeiten weder der Mensch noch der Kosmos in Trümmer zerfallen. Der Vorsokratiker Anaximander von Milet hat schon vor über 2500 Jahren den Kosmos als Kugel beschrieben (Diels Kranz 1903). Er spricht auch von „Radkreisen mit Öffnungen". Letztlich sind in der Geschichte der Philosophie alle wesentlichen Ideen bereits vorhanden, sie können nur zunehmend technisch verfeinert werden. Ich nenne diesen Prozess materielle Evolution.

Paragraph LIII

Wenn man ein unendliches Kugel-Plätzesystem mit unendlich vielen Platzqualitäten dem Göttlichen zuordnet und die Materie als gottgegeben erachtet, dann eröffnet sich eine neue Metaphysik, sowohl subjektiver Systeme als auch der Technik. Demnach sind subjektive Systeme wie wir Menschen ewig, streben aber permanent danach, die Technik der materiellen Verkörperung potentieller Fähigkeiten zu verbessern.

Paragraph LIV

Wir sind davon ausgegangen, dass ein menschliches Wesen aus einem Kreis-Plätzesystem innerhalb des Kugel-Plätzesystems besteht. Ein derartiges Kreis-Plätzesystem befindet sich permanent in einer Kreisbewegung. Dieser Zeitablauf der Permanenz bedeutet wiederum, dass die Kreisbewegung nie begonnen hat und auch kein Ende nimmt, also ewig im Gange ist. Über wie viele qualitativ unterschiedliche Fähigkeiten ein Mensch potentiell verfügt, hängt von der Anzahl unterschiedlicher Platz-Strukturen (Kenogramme) in einem Kreis-Plätzesystem ab. Diese Anzahl ist gottgegeben. Aus biologischer Sicht stellt Gott auch das passende Material zur Selbstverkörperung der einzelnen Plätze zur Verfügung.

Wie bereits beschrieben, fällt dieses biologische Material in Gestalt unserer Körperorgane im Zeitraum der Ontogenese wieder dem Tod anheim. Während die potentiellen Fähigkeiten eines Menschen biologisch festgelegt sind, besteht hingegen die schöpferische Freiheit, aus seinen Fähigkeiten etwas Neues zu erschaffen. Es handelt sich dabei jedoch um keine wirklich neuen menschlichen Fähigkeiten, sondern um die Entwicklung neuer Techniken, diese Fähigkeiten zum Wohle des Menschen einzusetzen. Man kann auch sagen, Technik heißt, die Lebensqualität während der ephemären Zeitspanne der Ontogenese zu verbessern. Dass diese Technik auch destruktiv sein kann, habe ich bereits ausgeführt.

Paragraph LV

Wenn sich der Mensch potentiell schon immer im universalen (göttlichen) Kugel-Plätzesystem befindet, so ist seine irdische Inkarnation von der Gnade Gottes abhängig, von der ja das biologische Material kommt. Diese Überlegung hat enorme Konsequenzen für unsere Einstellung zur Entstehung des Lebens. Wann immer ein Mensch auf welche Weise auch immer die Inkarnation eines subjektiven Systems im Sinne der Menschwerdung verhindert, hat er für dieses Individuum eine existentielle Möglichkeit zerstört. Man könnte hier auch von einer Art Gottesverwerfung sprechen.

Paragraph LVI

Dass alle subjektiven Systeme und somit wir Menschen als Individuen einzigartig sind, lässt sich schön anhand des Formalismus des Kreis-Plätzesystems zeigen. Es handelt sich dabei um die von Günther (1962) entdeckte universale Strukturtheorie, Kenogrammatik genannt. Wie bereits ausgeführt, beschreibt die Kenogrammatik ein System leerer Plätze gleicher oder unterschiedlicher Qualität, wobei diese Plätze mit Werten (Materie) besetzt werden können oder auch nicht. Die Plätze werden Kenogramme genannt.

Formal kann eine kenogrammatische Struktur dreifach beschrieben werden:

a) Protostruktur: Beschreibung der Anzahl (Kardinalität) unterschiedlicher Kenogramme
b) Deuterostruktur: Beschreibung der Verteilung der Kenogramme
c) Tritostruktur: Beschreibung der Position der einzelnen Kenogramme in einer kenogrammatischen Struktur

1	1	1	1	1	1	1	1	1	1	1	1	1	1	1
1	1	1	1	1	2	2	2	2	2	2	2	2	2	2
1	1	2	2	2	1	1	1	2	2	2	3	3	3	3
1	2	1	2	3	1	2	3	1	2	3	1	2	3	4
[1]	[2]	[3]	[4]	[5]	[6]	[7]	[8]	[9]	[10]	[11]	[12]	[13]	[14]	[15]

Tritogramme

Tabelle 1. Tritostruktur (n = 4)
Aufzählung der 15 individuellen Tritogramme

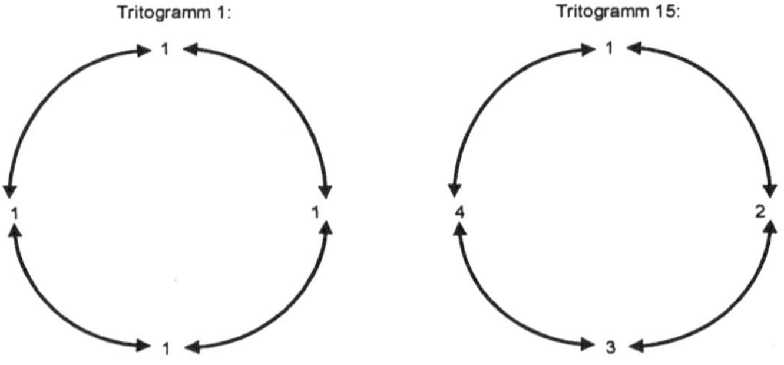

Abbildung 2. Zyklische Darstellung von Tritogramm 1 und 15

In der Tritostruktur kann die Individualität jedes einzelnen Kreis-Plätzesystems dargestellt werden. Tabelle 1 zeigt 15 Tritogramme (kenogrammatische Kombinatorik, wenn man vier unterschiedliche Kenogramme zugrunde legt). Wie aus Tabelle 1 zu ersehen ist, gleicht kein Tritogramm dem anderen. Auf ein Kreis-Plätzesystem bezogen lässt sich jedes Tritogramm auch als Kreis darstellen.

n	1	2	3	4	5	6	7	8	9	10
Bellzahl	1	2	4	15	52	203	877	4.140	21.147	115.975

Tabelle 2. Folge der Bellzahlen (bis n = 10)

In Abbildung 2 sind als Beispiele Tritogramm 1 und Tritogramm 15 dargestellt. Die Tritogramme entwickeln sich nach der Folge der Bellzahlen (Tabelle 2). Diese Zahlenfolge steigt rasch an, sodass bei zehn unterschiedlichen leeren Plätzen (Tritogrammen) bereits 1 1 5 9 7 5 Tritogramme (Individuen) entstehen.

Abbildung 3 gibt das Beispiel der Entwicklung fünf-wertiger (fünf qualitativ unterschiedliche Plätze) Tritogramme wieder. In der untersten Reihe sind 52 Tritogramme (in Zahlendarstellung) aufgezeichnet, wobei keines dem anderen völlig gleicht. Jedes dieser Tritogramme kann ebenfalls als Kreissystem dargestellt werden.

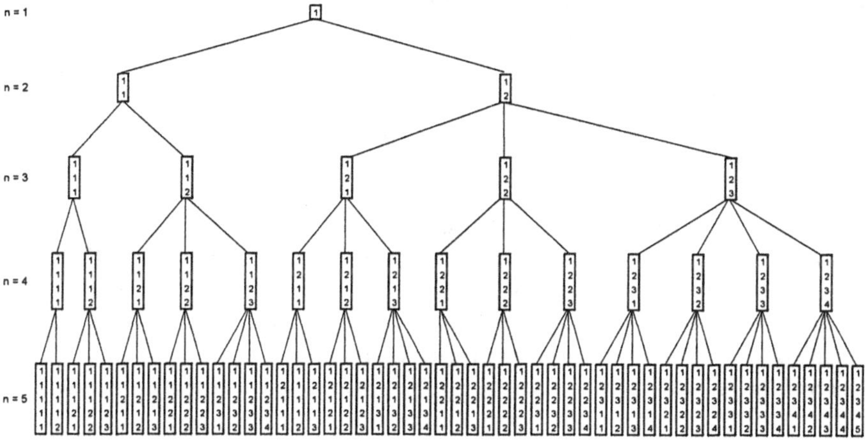

Abbildung 3. Entwicklung der Tritogramme von n =1 bis n =5.
Die 5 unterschiedlichen Plätze sind durch die Ziffern 1, 2, 3, 4 und 5 dargestellt

Für unsere Interpretation ist entscheidend, dass im Kugel-Plätzesystem des göttlichen Universums kein Kreis-Plätzesystem völlig einem anderen gleicht und subjektive Systeme daher individuell sind. Diese Einzigartigkeit besteht aber auch darin, dass jeder Platz eine potentielle Qualität festlegt, wonach gehandelt werden kann. In anderen Worten: Mit der Besetzung eines Platzes durch ein zur Struktur passendes Material geht eine spezifische Handlungsqualität einher, die nach Verwirklichung strebt.

Durch immer bessere Untersuchungstechniken hat man im menschlichen Genom einen großen Variationsreichtum entdeckt, sodass sogar von „chemischer Individualität“ gesprochen wird und die Grenzen zwischen normalen und krankhaften Hirnfunktionen fließend erscheinen (Shianna; Willard, 2006). Da der Mensch ein Gemeinschaftswesen ist, stehen wir vor der Frage der Kommunikation zwischen zwei oder mehreren Individuen, wenn man Kreis-Plätzesysteme zugrunde legt.

Paragraph LVII

Bleiben wir beim Menschen. Biologisch gesehen ist das menschliche Verhalten Biorhythmen unterworfen. Das heißt, dass sich bestimmte Verhaltensweisen wie etwa Schlafen und Wachsein laufend wiederholen. Dasselbe gilt für die Art und Weise unserer menschlichen Kommunikation; zeitweise hören wir aufmerksam zu, dann wollen wir wieder Ruhe haben; zeitweise sind wir friedfertig, dann drängt es uns, um etwas zu kämpfen oder zu streiten etc.. Der Mensch setzt daher seine qualitativen Fähigkeiten in der zwischenmenschlichen Kommunikation im Sinne von Verhaltenszyklen unterschiedlich ein.

Treffen nun zwei oder mehrere Menschen aufeinander, so kommt es prinzipiell darauf an, ob das kommunikative Handeln der jeweiligen Partner in demselben Themenbereich erfolgt. Der jeweilige Themenbereich ist durch einen Platz im Kreis-Plätzesystem festgelegt und durch ein passendes Material verkörpert. Dieses Material ermöglicht dann erst die Kommunikation. So wird die Fähigkeit zur Sinneswahrnehmung durch spezifische Rezeptoren der Sinnesorgane bzw. des Gehirns ermöglicht, wobei diese Rezeptoren – je nach Sinnesorgan – aus unterschiedlichen Proteinen zusammengesetzt sind. Das Material bestimmt daher die Qualität der Wahrnehmung (Sehen, Hören, Riechen, Berühren, Schmecken).

Paragraph LVIII

Die zwischenmenschliche Kommunikation muss aber nicht nur die gleiche Sinnesqualität betreffen, sondern auch innerhalb desselben Themenbereiches im Sinne einer qualitativ vergleichbaren Thematik erfolgen. Maturana (1970) spricht von Domänen der Interaktion, in welche wir uns gegenseitig hineinorientieren müssen. Nun ist es aber so, dass sich der Mensch nicht nur in biorhythmisch determinierten Verhaltenszuständen befindet, sondern vor allem auch Intentionen hat, die er kommunikativ realisieren will. Die Kommunikationsdomäne soll daher dem Themenbereich der Intentionen beider Partner entsprechen, sodass von beiden Seiten kommunikative Akzeptanz vorhanden ist.

Man kann durchaus über alles Mögliche Gespräche führen und gleichsam einen quantitativen Informationsaustausch betreiben, sowie es im Alltag oft der Fall ist, will man aber etwas Gemeinsames machen, dann muss die Kommunikation in einem festgelegten Themenbereich erfolgen, sodass ein Handlungsplan für die Erzeugung eines qualitativ definierbaren Produktes entsteht. Das ist das Grundprinzip der Technik konstruktiver Kommunikation. Ein archetypisches Beispiel ist Liebe, die zur geschlechtlichen Vereinigung führt, woraus durch die Gnade Gottes ein Kind entstehen kann.

Paragraph LIX

In der transklassischen Logik Günthers (1975) spielt die Dialektik zwischen Akzeptanz und Verwerfung eine grundlegende Rolle. Diese Dialektik ist für ein formal begründetes Verständnis der Subjektivität und ihrer Intentionen in Bezug auf die Umwelt entscheidend. In Tabelle 3 sind die logischen Operationen von Akzeptanz und Verwerfung dargestellt (Günther, 1975). Werte-Akzeptanz heißt, dass ein gesuchter Wert in einem Werteangebot vorhanden ist. Ist hingegen der gesuchte (intendierte) Wert im Werteangebot nicht enthalten, so wird die gesamte Wertalternative verworfen. Diesen Verwerfungsoperator bezeichnet Günther als „Index der Subjektivität."

Werteangebot		Akzeptanzfunktion			Verwerfungsfunktion	
p	q	n - wertig			3 - wertig	4 - wertig
1	2	1	oder	2	3	3 oder 4
2	3	2	oder	3	1	1 oder 4
3	1	3	oder	1	2	2 oder 4
3	4	3	oder	4	–	1 oder 2

Tabelle 3. Formalismus der Dialektik von Akzeptanz und Verwerfung (Günther, 1975)

Paragraph LX

Ich habe die Dialektik zwischen Akzeptanz und Verwerfung in die Hirnforschung, Psychopathologie sowie Robotik eingeführt. Dabei sind die gesuchten Werte als intentionale Programme des Gehirns (Mitterauer, 2000, 2007b) definiert. Überträgt man die wertlogischen Operationen von Akzeptanz und Verwerfung auf die Kenogrammatik, so lässt sich Akzeptanz und Verwerfung ganz einfach darstellen.

Objekte der Umwelt		Intendiertes Tritogramm	Ergebnis
○	○	○	A
○	△	□	V
△	○	△	A
△	△	△	A

Tabelle 4. Kenogrammatische Akzeptanz (A) und Verwerfung (V)

In Tabelle 4 intendiert ein Kreis-Plätzesystem ein Tritogramm, dargestellt als Kreis, Rechteck, Dreieck, Dreieck. In der Umwelt befinden sich Objekte mit zwei unterschiedlichen Qualitäten, dargestellt als Kreis, Kreis, Dreieck, Dreieck; bzw. Kreis, Dreieck, Kreis, Dreieck. Dabei errechnet sich dieses Ergebnis: das intendierte Kenogramm „Kreis" findet sich in beiden, in der Umwelt vorhandenen Objekten, sodass sie akzeptiert werden können (A). Das nächste intendierte Kenogramm „Rechteck" trifft auf zwei Objekte („Kreis" „Dreieck"), welche diesem Kenogramm nicht entsprechen, sodass beide verworfen werden müssen (V). Das dritte intendierte Kenogramm „Dreieck" kann ein Objekt in der Umwelt „Dreieck" akzeptieren (A). Das letzte intendierte Kenogramm „Dreieck" kann wiederum beide Objekte in der Umwelt akzeptieren (A).

Die Herausforderung besteht nun darin, wie man zwischen zwei oder vielen Kreis-Plätzesystemen die Kommunikation nach dem Prinzip der Akzeptanz und Verwerfung technisch realisieren könnte.

Paragraph LXI

Das beste geometrische Modell dürften zwei Tori sein, die sich sowohl orthogonal als auch horizontal in ihren Ringen gegenbewegen.

Torus

Beispiel eines Ringes

Abbildung 4. Darstellung eines Torus (a), dessen Ringe aus Kreis-Plätzesystemen bestehen.
Die einzelnen Plätze sind nicht eingezeichnet, es ist lediglich ein Ring des Torus als Kreis-Plätzesystem exemplarisch dargestellt (b).

Abbildung 4 stellt einen Torus dar, der aus einer beliebig großen Anzahl von Ringen besteht. Jeder Ring entspricht einem Kreis-Plätzesystem im Sinne der subjektiven Individualität. Der Umfang des Torus ist von der Anzahl der Plätze der Kreissysteme bestimmt. Nehmen wir an, dass sich in diesem Torus ein zweiter Torus befindet, der die Kreis-Plätzesysteme aller möglichen Kommunikationspartner verkörpert, so können die individuellen Kreis-Plätzesysteme auf folgende Weise kommunizieren:

Je zwei Ringe (Kreis-Plätzesysteme) vergleichen die Qualitäten ihrer Plätze, wobei jeweils von einem aktiven Partner, der sich über den anderen zu verwirklichen versucht, ausgegangen wird. Es ist eine Art Suche nach Machbarkeit der intentionalen tritogrammatischen Programme in der zwischenmenschlichen Umgebung. Dieser Mechanismus entspricht einer intentionalen Ich-Du-Kommunikation.

Schritte:	1.				2.				3.				4.				5.			
Ich:	△	△	□	○	○	△	△	□	□	○	△	△	△	□	○	△	△	△	□	○
Du:	○	△	□	□	○	△	□	□	○	△	□	□	○	△	□	□	○	△	□	□
	V	**A**	**A**	**V**	**A**	**A**	**V**	**A**	**V**	**V**	**V**	**V**	**V**	**V**	**V**	**V**	**V**	**A**	**A**	**V**

Tabelle 5. Beispiel einer tritogrammatischen Ich-Du-Kommunikation nach der Logik der Akzeptanz (A) und der Verwerfung (V), dargestellt in 5 Schritten, wobei nur das Ich-System rotiert. (Verhältnis von Verwerfung zur Akzeptanz = 13 : 7)

Tabelle 5 gibt ein Beispiel einer tritogrammatischen Ich-Du-Kommunikation, dargestellt als ein Kreislauf des Ich-Kreis-Plätzesystems an einem Du-Kreis-Plätzesystem. Das Ich-Kreissystem besteht aus dem Tritogramm Dreieck, Dreieck, Rechteck, Kreis, das Du-Kreissystem aus dem Tritogramm Kreis, Dreieck, Rechteck, Rechteck. Im ersten Schritt werden die Kenogramme des Du-Kreissystems an der ersten und vierten Stelle verworfen (V), da diese Kenogramme nicht jenen vom Ich-Kreissystem intendierten Kenogrammen entsprechen. Je zwei weitere Kenogramme (Dreieck, Rechteck) können hingegen akzeptiert (A) werden. Wie diese Tabelle demonstriert, dominieren die Verwerfungen (V) 13:7 die Akzeptanzen (A), was nach Günther für Individualität und Subjektivität spricht. Ich habe der Einfachheit halber nur die Bewegung des Ich-Kreissystems dargestellt, es ist jedoch gleichzeitig auch die Gegenbewegung des Du-Kreissystems zu berücksichtigen.

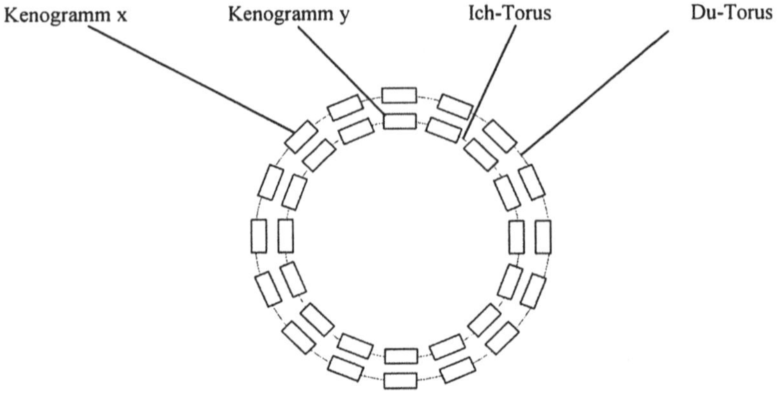

Abbildung 5. Querschnitt durch ein Zwei-Tori-System.
Vergleich der Kenogramme (Plätze) des Ich-Torus mit dem Du-Torus.
Die Kenogramme sind der Einfachheit halber einheitlich dargestellt.

Da diese beiden Tori aus vielen Kreis-Plätzesystemen (Ringen) bestehen, erfassen sie alle potentiellen Kommunikationspartner in der Ontogenese. Sie bewegen sich daher auch horizontal gegeneinander. Durch Bewegung trifft jeder Mensch auf viele Menschen, mit denen er entweder qualitativ, quantitativ (oberflächlich) oder auch nicht kommuniziert. Der Zwei-Torimechanismus verkörpert diese Technik der Kommunikation. In einem Zwei-Torimechanismus haben alle subjektiven Systeme die Freiheit mit einem Du-Ring, dem sie als nächsten begegnen, nicht zu kommunizieren und erst mit einem späteren in der orthogonalen Bewegung Akzeptanz und Verwerfung zu prüfen. Hier handelt es sich um Verwerfung durch Weiterbewegung, um eine Intention, ein „Reiseziel" zu realisieren ohne alle Kommunikationsmöglichkeiten auszuschöpfen. Dieser Vorgang entspricht auch unserer Erfahrung, wenn wir eine Reise tun und auf viele Menschen treffen, aber nur mit wenigen wirklich kommunizieren. Die klassische Logik, selbst wenn sie mehrwertig ist, erlaubt keine Wahlfreiheit, weil sie keinen Verwerfungsmechanismus zur Verfügung hat, der aus subjektiven intentionalen Programmen resultiert.

Abbildung 5 stellt schematisch ein Zwei-Tori-System dar. Ein Ich-Torus und ein Du-Torus vergleichen ihre Kenogramme durch Kreisbewegung. Die Kenogramme sind der Einfachheit halber einheitlich als leere rechteckige Plätze dargestellt.

Paragraph LXII

Doch welche Rolle spielt das Material, wenn wir qualitativ zu kommunizieren versuchen? Die formale kenogrammatische Qualität, welche durch einen leeren (nicht besetzten) Platz festgelegt ist, wird durch eine analoge Materialbesetzung verkörpert. Ein Kenogramm hat eine spezifische imaginäre Struktur, deren Besetzung ein Material erfordert, das strukturell isomorph ist. Andernfalls ist die Qualität funktionsunfähig.

Nehmen wir biologische Gehirne als Beispiel. Hier beruht die Informationsübertragung wesentlich auf einem Schlüsselloch–Schlüssel-Prinzip. Das Gehirn besteht aus Myriaden von Rezeptoren, die nur durch eine, ihrer Struktur entsprechende Substanz, „invers" besetzt werden können. Die Rezeptoren selbst sind spezifische Eiweißstrukturen, wobei die Eiweißstrukturen die Funktion des Rezeptors qualitativ determinieren. Die quantitative Informationsübertragung ist hingegen von der Anzahl der Rezeptoren und der Menge ihrer Besetzungssubstanzen abhängig. Die chemischen Substanzen im Gehirn sind Informationsübertragungssysteme, die ebenfalls nach dem Schlüsselloch-Schlüssel-Prinzip funktionieren. Es handelt sich dabei um Überträgersubstanzen (Transmitter), die von der Präsynapse produziert werden, sich im synaptischen Spalt anreichern und dann die postsynaptischen Rezeptoren besetzen. Man weiß heute, dass die Qualitäten unseres Verhaltens vom Typ der Synapse abhängig sind. In anderen Worten: Die biomaterielle Struktur der Rezeptoren sowie der Transmittersubstanzen ermöglicht eine spezifische qualitative Informationsübertragung und Verhaltenserzeugung. So haben auch die Sinnesorgane qualitativ unterschiedliche Rezeptoren, deren Wahrnehmungsfunktionen durch spezifische Eiweißstrukturen ins Werk gesetzt werden. Mit Geruchsrezeptoren kann man nicht sehen! Dass das passende Material für die ungestörten Funktionen subjektiver Systeme entscheidend ist, habe ich architektonisches Prinzip genannt (Mitterauer 1989; 2000).

Paragraph LXIII

Wir sind davon ausgegangen, dass es im irdischen Dasein des Menschen keine wirkliche Evolution gibt, was die Anzahl qualitativ unterschiedlicher Plätze in den Kreis-Plätzesystemen betrifft. Hingegen ist eine materielle Evolution möglich, welche beispielsweise in der Hirnforschung seit Längerem schon erfolgt. Mittlerweile ist es gelungen, Eiweiße herzustellen und Rezeptoren mit chemischen Substanzen zu besetzen, welche zwar im Gehirn nicht vorkommen, aber biologische Funktionen erfüllen. Man kann damit die Informationsübertragung in den Synapsen beeinflussen so wie es mit Psychopharmaka bei psychobiologischen Störungen geschieht. Da wir die biopsychologischen Entstehungsbedingungen der sogenannten Geistes- und Gemütserkrankungen noch immer nicht kennen, ist es derzeit nicht entscheidbar, ob die evolutive Technik der Psychopharmakologie konstruktiv oder destruktiv ist. Für einen Nervenarzt überwiegen die konstruktiven Argumente, weil bei den meisten Patienten zumindest die Lebensqualität durch diese neuen Medikamente verbessert werden kann. Es gibt aber viele Menschen, die diese Substanzen als destruktiven und geradezu unheimlichen Eingriff in ihre Psyche bewerten und sie daher radikal ablehnen.

Paragraph LXIV

Biologische Gehirne haben eine Doppelstruktur. Auf der molekularen Ebene setzt sich ein Gen aus Eiweiß codierenden (Exone) und aus nicht Eiweiß codierenden (Introne) Abschnitten zusammen. Auf der zellulären Ebene besteht die Doppelstruktur des Gehirns aus den neuronalen und den glialen Zellsystemen. Eine Naturphilosophie unseres Gehirns muss daher zuallererst versuchen, die in diesen Doppelstrukturen verborgenen Prinzipien zu entdecken.

Paragraph LXV

Die genetische Codierung von Exonen und Intronen ist zwar dieselbe, aber nur die Exone sind fähig, ihr genetisches Programm zu realisieren, indem sie die Produktion spezifischer Eiweiße in Gang setzen können. Die exonische Codierung ist daher machbar. Gegenteilig verhält es sich mit den Intronen. Diese verkörpern zwar auch ein genetisches Programm, welches jedoch noch nicht machbar ist. Introne sind daher leere Plätze in einem ontogenetischen Kreis-Plätzesystem, die zwar innerhalb der irdischen Lebenszeit eines Menschen kein biologisches Material produzieren können, aber für die materielle Evolution biologischer Gehirne, insbesondere des menschlichen Gehirns, entscheidend sein dürften.

Jüngste Forschungsergebnisse (Pollard et al, 2006) zeigen nämlich, dass das menschliche Gehirn Regionen hat, in denen die Bildung neuer Strukturen im Laufe der Evolution stark beschleunigt wurde. Dafür sind Gene (HAR1) verantwortlich, deren evolutionärer Effekt aber wesentlich darin besteht, dass die nichtcodierenden Abschnitte (Introne) die Beschleunigung der Bildung neuer biologischer Strukturen bewirken. Dazu sind allerdings einige Millionen Jahre erforderlich. Hier handelt es sich um eine mögliche naturwissenschaftliche Begründung, dass die terrestrische Evolution eine zunehmende Materialisierung leerer Plätze in den Kreis-Plätzesystemen der Lebewesen sein könnte. Diese evolutionäre Selbstmaterialisierung betrifft daher nicht nur den Menschen, sondern müsste auch innerhalb der Arten gelten. Ist die terrestrische Evolution ein Beschleunigungsprozess der Codierung (Machbarkeit) noch nicht codierbarer Genabschnitte (Introne)?

Paragraph LXVI

Beruht die biologische Evolution auf einem Beschleunigungsprozess an sich nichtcodierender Genabschnitte in Richtung Aktivierung ihrer potentiellen Machbarkeit? Legt man dieser Frage meine Zeitenphilosophie zugrunde, so müsste dies der Fall sein. Denn ich bin ja davon ausgegangen, dass in den Kugel-Plätzesystemen der Subjektivität eine Kreis-Plätze-Ebene sich nicht durch neue Plätze erweitern kann. Im irdischen Raum – Zeitbereich ist daher die Menge zur Verfügung stehender Plätze von Gott festgelegt. Anders verhält es sich mit der kosmischen Evolution, wo die Zunahme Gott gegebener neuer Plätze potentiell unbegrenzt ist. So gesehen erwarten uns nicht nur ein Jenseits, sondern auch neue Fähigkeiten.

Paragraph LXVII

Die größte evolutive Herausforderung und Krone des Menschen ist die Entwicklung menschenähnlicher Roboter. Hier kann der Mensch mit sehr beschränkten Mitteln wiederholen, was Gott mit seinen Lebewesen macht.

Paragraph LXVIII

Legt man das göttliche Kugel-Plätzesystem zugrunde, so sind alle Lebewesen immer schon im göttlichen Kugel-Plätzesystem vorhanden. Die Schöpfung Gottes ist daher keine Neuschöpfung, sondern die existentielle Verkörperung von Kreis-Plätzesystemen mit passendem Material. Mit diesem göttlichen Akt treten für ein subjektives System Ontogenese und Evolution in kraft. Aber was bedeutet Robotik als Technik in gottgegebenen Zeiten

Paragraph LXIX

Will man einen Roboter entwickeln, der Eigenschaften der Subjektivität hat, um ein menschliches Verhalten produzieren zu können, dann muss es seinem Schöpfer gelingen, Prinzipien der Subjektivität in ein technisches System zu implementieren. Nach Günther muss der Mensch, um einen menschenähnlichen Roboter herzustellen, von seinem Bewusstsein formal eindeutige Funktionen in diesem Artefakt implementieren. Geht man dabei von einem Kreis-Plätzesystem des Schöpfers des Roboters aus, so muss das Robotergehirn über Qualitäten verfügen, die es ihm ermöglichen, ein subjektives Verhalten zu erzeugen. Da es sich dabei um ein zirkulierendes Kreissystem handelt, müssen sich diese Qualitäten im Robotergehirn permanent wiederholen, damit es – menschenähnlich – ein biorhythmisches Verhalten erzeugen kann. Aber was sind die elementaren Qualitäten, die ein subjektives System benötigt?

Paragraph LXX

Als Minimalbedingung muss ein menschenähnlicher Roboter über folgende subjektive Qualitäten verfügen: Die Fähigkeit zur Wahrnehmung, zur Bewegung, zum Bewusstsein, zur Emotionalität, zum Lernen, zum Gedächtnis und vor allem muss ein menschenähnlicher Roboter über subjektive Intentionen und die Fähigkeit zur Akzeptanz und Verwerfung verfügen. Wenn es gelingen würde, diese neun Qualitäten (Plätze) in einem Robotergehirn zu implementieren, dann könnte man entsprechend dem Formalismus der Tritogrammatik (Tabelle 1) individuelle Roboter erschaffen (siehe Tabelle 2, Bellzahl 9). Will man aber ein biologisches Gehirn wirklich (biomimetisch) nachbauen, dann müssen die einzelnen Qualitäten bzw. Plätze auch mit einem zur Struktur passenden Material ausgestattet sein, was ich als architektonisches Prinzip bezeichne.

Paragraph LXXI

Was die Qualitäten der Wahrnehmung, der Bewegung, der kognitiven Funktionen (Lernen, Gedächtnis) betrifft, so hat die Robotik bereits große Fortschritte gemacht und optimiert diese Systeme laufend. Die Implementierung von Intentionalität und des Verwerfungsoperators ist jedoch bisher nicht erfolgt. Der Grund dafür dürfte sein, dass die transklassische Logik Günthers nach wie vor unverstanden ist und daher ignoriert wird. Wie ich nämlich in einer anderen Studie zu zeigen versuchte, könnte es vor allem durch die Implementierung einer intentionalen Programmierung und der Verwerfungsfähigkeit möglich sein, dass das Verhalten eines Roboters Bewusstsein und Emotionalität zeigt (Mitterauer, 2000). Ein derartiger Roboter könnte dann in seinem Verhalten einen „Hauch von Subjektivität" erkennen lassen.

Paragraph LXXII

Selbst wenn es gelingt, subjektive Roboter zu technisieren, so würden sie sich dennoch stets von ihrem menschlichen Schöpfer unterscheiden. Denn der Mensch existiert permanent in Gott. Das Problem der Energie für einen Antrieb seines Kreis-Plätzesystems stellt sich daher nicht wirklich. Der Roboter ist hingegen auf ein Energie spendendes Material angewiesen. Steht ihm dieses nicht mehr zur Verfügung, so ist seine Aktionsfähigkeit zu Ende. Ein Jenseits hat der Roboter nicht. Dem Menschen gleich hat er jedoch eine Ontogenese und nimmt auch an der materiellen Evolution teil. Wenn man in der Robotik eine technische Evolution sieht, dann handelt es sich ab dem Zeitpunkt, an dem es gelungen ist, dass der Mensch in einem Robotergehirn subjektive Funktionen seines eigenen Gehirnes wiederholen kann, eigentlich um eine „Re-evolution."

Paragraph LXXIII

Das weltweite Bemühen, mobile autonome Roboter zu entwickeln, die ein neues Terrain explorieren können, ist zunehmend erfolgreich. Die Gruppe um Bongard (2006) hat ein Robotersystem konstruiert, welches nicht nur einen Schaden in seiner Struktur wahrnehmen, sondern diesen auch kompensieren kann, ohne vorher dafür programmiert zu sein. Der Roboter erzeugt nämlich ein internes Modell seiner Struktur, das er laufend an Veränderungen anpasst. Diese technische Errungenschaft dürfen wir aber nicht als subjektives Verhalten interpretieren, wie es derzeit voreilig von manchen Forschern geschieht. Diesem Robotersystem fehlt die Fähigkeit zur intentionalen Programmierung und es verfügt über keinen Verwerfungsoperator. Da diese beiden Prinzipien subjektiver Systeme nicht implementiert sind, kann dieses Robotergehirn auch kein subjektives oder gar menschenähnliches Verhalten produzieren.

Paragraph LXXIV

Da subjektive mobile autonome Roboter für den Menschen nicht nur konstruktiv, sondern auch destruktiv handeln können, unterliegen auch sie – wie der Mensch – der Ethik von Gut und Böse. Leibniz versucht in der Theodizee zu argumentieren, dass nicht nur das Gute, sondern auch das Übel in Gott schon von Anfang an da war, weil es Gott so will und auch zulässt. Leitet man hingegen die Frage nach der Entstehung des Bösen (Übels) vom göttlichen Kugel-Plätzesystem ab, so stellt sich das Problem des Guten oder Bösen überhaupt nicht, solange subjektive Systeme als reine Kreis-Plätzesysteme existieren. Erst wenn eine Besetzung ihrer Plätze mit Materie erfolgt, kommt Gut und Böse ins Spiel. Geht man fernerhin davon aus, dass dieses Besetzungsmaterial von Gott erschaffen wird, so ist Gott sozusagen für die Qualitäten unterschiedlicher Materialien verantwortlich. Dass die Ontogenese des Menschen durch die zunehmende Selbstzerstörung des biologischen Materials bis hin zum Tode begrenzt ist, und Gott damit das Übel zulässt – wie Leibniz es ausdrückt-, erlaubt die Interpretation, dass von Gott auch das Übel kommt.

Anders verhält es sich jedoch, wenn man annimmt, dass es sich hier nur um eine irdische Perspektive handelt, im Falle zunehmend höherer Lebewesen jedoch eine Besetzung der Plätze des Kreissystems mit immer besserem Material erfolgt. Dies würde bedeuten, dass es in den göttlichen Kreisläufen für die Menschen irgendein Jenseits gibt, wo die Permanenz seiner zyklischen Existenz durch ein vollkommenes Material, das permanent funktioniert, erfüllt ist. So ist in der Bibel zu lesen: „Ihr werdet einen besseren Leib bekommen.“ Man könnte auch sagen, für die Sehnsucht des gläubigen Menschen nach einem ewigen Leben im Paradies, wo es nur noch das Gute gibt, wird hier eine metaphysische Erklärung angeboten. So gesehen will Gott aus geheimnisvollen Gründen in unserem irdischen Dasein vielleicht wirklich auch das Übel, aber aus kosmischer Perspektive mag Leibniz Recht haben, dass Gott das bestmöglichste Universum will im Sinne eines permanenten Prozesses.

Paragraph LXXV

Das Gute und das Böse könnten vielleicht ein rein irdisches Problem sein. So hat sich Gott in Christus als Mensch verkörpert mit seinen Leidensmöglichkeiten bis hin zum Tod am Kreuze. Nach christlicher Lehre hat er dadurch den Menschen vom Bösen erlöst. Es geht dabei aber ausschließlich um den Menschen und nicht um alle subjektiven Systeme im göttlichen Universum. Vielleicht, weil die Erlösung in anderen Universen gar nicht notwendig ist, da es dort kein Übel gibt. Der entscheidende Spruch Christi könnte daher sein: „Mein Reich ist nicht von dieser Welt."

Paragraph LXXVI

Wie sehr das Übel und die Interpretation von Schuld und Sühne ein irdisches Problem im göttlichen unendlichen Kugel-Plätzesystem sein könnten, bringt ein Totengräber zum Ausdruck. Dieser Mann hat nämlich im Laufe seiner jahrelangen Tätigkeit folgende Beobachtung gemacht: „Ganz alte Menschen, die ich gut kannte und schließlich begraben habe, waren im Leben oft ‚verreckte Hunde' und gar nicht gut. Ich bin überzeugt, dass sie durch die Altersbeschwerden alles noch abbüßen haben müssen." Leibniz hat diese Auffassung mit tiefer gehender Argumentation vergleichbar gesehen. Nach christlicher Lehre kann das Böse eines Menschen im ewigen Feuer der Hölle von Gott bestraft werden. Ich glaube aber, dass die Hölle auf Erden, die manche Menschen erleben, genügt. Hier halte ich es mit dem Totengräber. Es ist daher gut, dass Papst Benedict XVI Liebe und Familie in den Brennpunkt stellt und nicht die schuldhafte ewige Verdammnis. Diese gibt es in meiner Metaphysik nicht. Interessanterweise spielt das Böse in der platonischen Philosophie so gut wie keine Rolle. Platon hat daher seine Altersvorlesung „über das Gute" genannt.

Paragraph LXXVII

Wenn wir davon gesprochen haben, dass Gott das Böse im Menschen zulässt, wofür sich der Mensch aber schuldig macht und dafür büßen muss, so stehen wir vor dem Problem der Willensfreiheit bzw. Verantwortlichkeit des Menschen. In der Geschichte der Philosophie wechseln sich Vertreter des Indeterminismus mit jenen des Determinismus gleichsam ab. Das ist auch heute noch so. Wenngleich das Problem der Willensfreiheit ein unentscheidbares Problem sein dürfte, zumindest unter naturwissenschaftlichen Kriterien, so will ich dennoch versuchen, einige Argumente für die Willensfreiheit anzuführen. Dabei gehe ich von einem biokybernetischen Ansatz aus.

Paragraph LXXVIII

McCulloch (1945), einer der Begründer der Kybernetik, unterscheidet zwischen ethischen und moralischen Maschinen. Ethische Maschinen sind in dem Sinne frei, dass wir, ihre Schöpfer, weder gesagt haben, was sie eigentlich tun sollen, noch haben wir sie derart konstruiert, dass sie sich nicht unpassend verhalten können. Der moralische Maschinentyp gleicht hingegen einem Menschen, der sich an einer Religion erfreut, die ihm persönlich oder durch Überlieferung geoffenbart wurde. Er würde frei gewesen sein, wäre er nicht mit den Gesetzen des Verhaltens programmiert worden. Während sich die moralische Maschine streng deduktiv nach den programmierten Gesetzen verhält, ist die ethische Maschine nicht Programm abhängig und damit frei, Fehler zu machen, aus denen sie allerdings lernen kann.

Man kann nun auf der humanen Ebene den ethischen Maschinentyp als Ich und den moralischen Maschinentyp als Du interpretieren, welche in einem kommunikativen Wechselspiel stehen. Diese Kommunikation ist einerseits durch eine strenge moralische Gesetzmäßigkeit (Du-Subjektivität), andererseits aber auch durch das Verhalten der Ich-Subjektivität bestimmt, die frei ist, Fehler zu begehen. Wenn aber aus dieser Kommunikation ein gemeinsames Verhalten resultieren soll, muss eines der beiden Systeme das andere dominieren. Entweder richtet sich die Ich-Subjektivität nach den festgelegten moralischen Gesetzen der Du-Subjektivität oder die Du-Subjektivität lässt sich von ethischen Argumenten der Ich-Subjektivität überzeugen, eigentlich verführen. Man kann auch sagen, dass es letztlich nur dann zu einer Entscheidung für ein gemeinsames Verhalten von zwei Systemen kommen kann, wenn eines das andere überdeterminiert. Darauf komme ich noch zurück.

Paragraph LXXIX

Namhafte Proponenten der zeitgenössischen Hirnforschung haben sich zur Frage der Willensfreiheit zu Wort gemeldet, indem sie glauben beweisen zu können, dass es keine Willensfreiheit gibt. Ihr Hauptargument ist, dass das Gehirn schon vor einer scheinbar bewussten Entscheidung diese bereits unbewusst berechnet bzw. „vordeterminiert“ hat. Abgesehen davon, dass die zugrunde gelegten Experimente sehr reduktionistisch sind, hängen derartige Interpretationen immer davon ab, welches Hirnmodell ihnen zugrunde liegt. Wie ich schon angeführt habe, ist für das Verständnis subjektiver Systeme ganz wesentlich, dass sie über intentionale Programme verfügen und die Fähigkeit der Verwerfung haben.

Meine Hirntheorie gründet hingegen auf Intentionalität und Verwerfung und berücksichtigt die zelluläre Doppelstruktur des Gehirns im Sinne des neuronalen und glialen Systems. Geht man nun davon aus, dass das Gehirn durch Reflexion Prioritäten setzen kann, was die Verwirklichung eines intentionalen Programmes in der Umwelt betrifft, so verfügt es über die Fähigkeit, durchaus machbare Intentionen zu verwerfen und am intentionalen Programm höchster Priorität festzuhalten. Die folgenden zwei Beispiele illustrieren, was gemeint ist:

Eine Frau hat die biologisch dringende Intention, ihren Hunger zu stillen. Es stehen diverse Speisen auf dem Tisch, sie verwirft es aber, irgend etwas zu essen, weil ihre „oberste" Intention ist, Gewicht zu verlieren, um wieder einen Bikini anziehen zu können. Die Fähigkeit des Menschen, machbare Intentionen zu verwerfen, ist ein Hauptargument, dass wir frei sind, in einem bestimmten Zeitraum zwischen verschiedenen durchaus machbaren intentionalen Programmen zu wählen. Im Gegensatz zur hungernden Frau frisst ein hungernder Schimpanse auf jeden Fall eine Banane, wenn sie vorhanden ist. Die Fähigkeit des Menschen, verwerfen zu können, erzeugt einen subjektiven Freiraum, innerhalb dessen wir zwischen der inneren Determination intentionaler Programme und der Determination deren Machbarkeit in einer passenden Umwelt wählen können.

Aber auch wenn man zur Frage der Wahlfreiheit das Zwei-Tori-System zwischenmenschlicher Kommunikation anwendet, so ergeben sich Freiheitsgrade. Wenn sich nämlich ein Torus-System horizontal durch ein zweites bewegt, kann es beliebige vertikale Kreis-Plätzesysteme übergehen, verwerfen also. Dies ist beispielsweise der Fall, wenn wir durch eine mit Menschen belebte Gasse gehen oder uns in einem großen Lokal befinden, wo es uns meistens nur um die Begleitpersonen geht. Die intentionale Priorität ist ja die Begegnung mit einem vielleicht geliebten Menschen in einer schönen (passenden) Atmosphäre und nicht mit allen im Lokal befindlichen Menschen zu kommunizieren.

Viele zeitgenössische Philosophen vertreten eine Art Kompatibilismus, der besagt, dass die These des freien Willens mit jener des Determinismus durchaus verträglich ist (Searle, 2004). Folgt man meiner Argumentation, so ist das Problem der Willensfreiheit nicht kompatibilistisch im strengen Sinne, weil es eigentlich nicht um Determinismus oder Indeterminismus geht, sondern um die subjektive Freiheit zwischen einem inneren Determinismus intentionaler Programme und einem Überdeterminismus der Machbarkeit derselben in einer passenden Umwelt zu wählen. Gehlen (1933) definiert in seiner großartigen „Theorie der Willensfreiheit" Freiheit so: „Freiheit heißt: nichts anderes denken zu können, als was man denken will, und nichts anderes wollen zu können, als was man selbst denkt.“ Diese Definition kann man auf die Reflexion subjektiver intentionaler Programme übertragen, was aber fehlt, ist die Wahlfreiheit zwischen machbaren intentionalen Programmen in einer passenden Umwelt. Für Gehlen ist die Willensfreiheit ein metaphysisches Problem, für mich hingegen ist Metaphysik nicht nur die Lehre von einem unauslotbaren Hintergrund, sondern wesentlich auch Technik in gottgegebenen Zeiten.

Paragraph LXXX

Wenn ich davon ausgegangen bin, dass man das göttliche Universum und die in ihm mögliche Technik als Kugel-Plätzesystem darstellen kann, so möchte ich dieses metaphysisch-geometrische Modell noch anhand der platonischen Ideenpyramide und der Leibniz'schen Theodizee (1968) diskutieren.
Grundsätzlich ist das Kugel-Plätzesystem hochdynamisch und verkörpert sich in gottgegebenen Zeiten selbst. Es folgt der Dialektik von Heterarchie und Hierarchie, so wie diese Günther (1975) beschrieben hat. Das Konzept der Heterarchie wurde 1945 von McCulloch eingeführt und besagt Folgendes: Verzichtet man in einer Rangordnung (Hierarchie) von Werten auf diese, dann schließen sich die Werte zu einem Kreis zusammen, in dem die Letzten die Ersten und die Ersten die Letzten sein können. Die exakte Definition von Heterarchie lautet somit: A rangiert vor B; B rangiert vor C; C rangiert vor A. Heterarchie ist also nichts anderes, als dass sich die ursprüngliche hierarchische Rangordnung (A vor B vor C) auf sich selbst bezieht, indem sie sich zu einem Kreis schließt. Das Kreis-Plätzesystem der Subjektivität ist daher heterarchisch angeordnet. In dem Kugel-Plätzesystem herrscht jedoch gleichzeitig auch eine Hierarchie, die durch die Zunahme der Plätze im Kugel-Plätzesystem im Sinne einer kosmischen Evolution auf das Göttliche hin besteht.

Paragraph LXXXI

Das klassische Modell der Hierarchie ist die platonische Ideenpyramide (Abbildung 6). Sie hat die abendländische Philosophie und aristotelische Logik wesentlich bestimmt. In dieser Pyramide gibt es nachgeordnete Ideen, die von übergeordneten abhängen, durch sie Grund gelegt und getragen werden. Und da immer mehrere nachgeordnete Ideen in einer übergeordneten ihre Voraussetzung und Grundlage haben und von diesen übergeordneten Ideen auch wieder mehrere in weiteren, noch höheren Ideen fundiert sind, werden wie in einem Stammbaum die tragenden Ideen immer weniger, aber eben damit auch mächtiger, weil weiterreichend und umfassender, bis wir schließlich zur Spitze der Ideenpyramide kommen, zur Idee der Ideen (Idee des Guten), von der alle anderen Ideen abhängen.

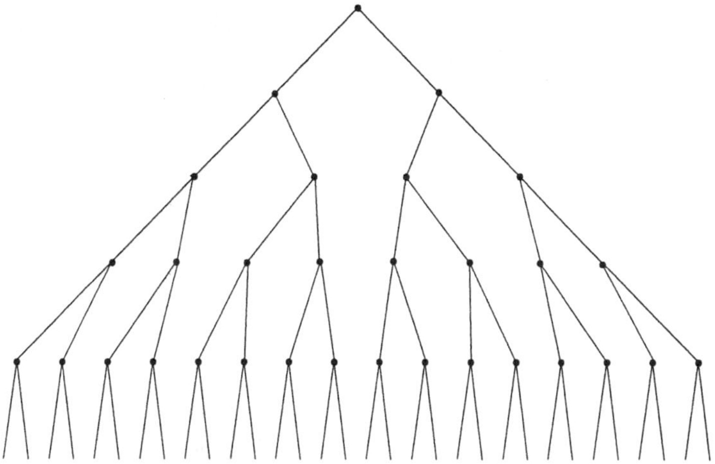

Abbildung 6. Platonische Ideenpyramide

Hingegen ist die hierarchische Kreisordnung im Kugel-Plätzesystem nicht von der nächsthöheren abhängig. Hier geht es rein um eine Zunahme von neuen Plätzen bzw. Handlungsqualitäten im Sinne einer neuen jenseitigen Existenz in Gott gegebener kosmischer Evolution. Anders verhält es sich bei Platon, wo die Heterarchie subjektiver Systeme keine Rolle spielt. Aber auch Leibniz gibt am Ende seiner Theodizee eine mythologische Darstellung des Universums am Beispiel einer Pyramide: „Die Gemächer liefen in eine Pyramide aus: Sie wurden immer schöner, je näher man ihrer Spitze kam und stellten immer schönere Welten dar. Endlich kam man in das oberste, die Pyramide abschließende Gemach, und dies war das Schönste von allen; denn die Pyramide hatte einen Anfang, doch ihr Ende sah man nicht, sie hatte eine Spitze, aber keine Basis, sie verlief sich im Unendlichen." Im göttlichen Kosmos des Kugel-Plätzesystems verhält es sich gegenteilig. Es hat keinen Anfang, sondern entwickelt sich „nach oben" ins Unendliche.

Paragraph LXXXII

Stellen wir uns eine kugelrunde Zwiebel vor und durchschneiden sie in ihrem horizontalen Durchmesser, so finden wir eine konzentrische Anordnung der Zwiebelschalen entsprechend immer größerer Kreise. Interpretiert man jede dieser Schalen als ein Kreis-Plätzesystem mit einer zunehmenden Anzahl neuer Plätze (Handlungsqualitäten), so verkörpert der äußerste Kreis die maximale Anzahl von Plätzen. Es handelt sich dabei um das höchste subjektive Kreis-Plätzesystem. Da die Kreis-Plätzesysteme in unterschiedlichen Rhythmen permanent kreisen und gleichzeitig eine Zunahme neuer Plätze im Sinne immer höherer Potenz erfolgt, läuft permanent ein dialektischer Prozess zwischen Heterarchie und Hierarchie ab.

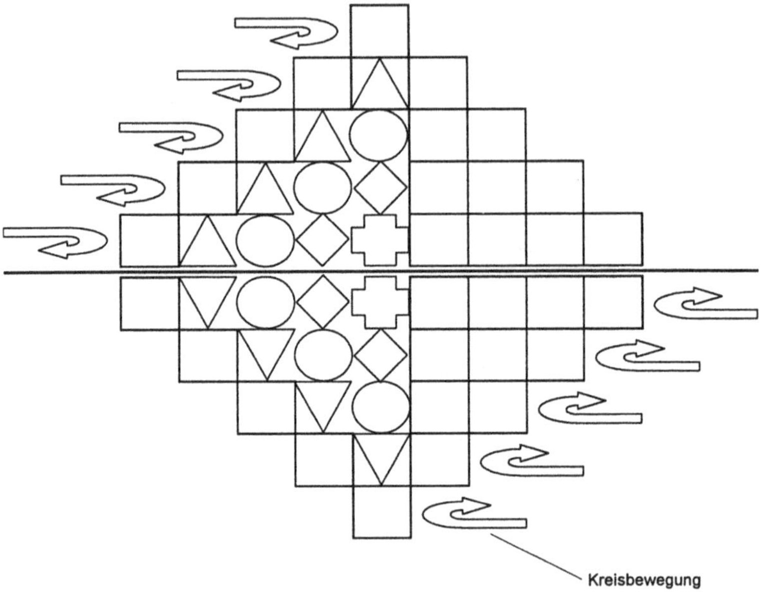

Abbildung 7. Schematische Darstellung der Spiegelung der Kreis-Plätzesysteme in einem Kugel-Plätzesystem

Die Geometrie des Kugel-Plätzesystems zeigt aber auch eine Symmetrie, wenn man die Kugel als mit horizontal angeordneten Kreis-Plätzesystemen betrachtet. Man gelangt nämlich zu einem größten Kreisumfang, der dann wieder abnimmt. Oberhalb und unterhalb dieses horizontalen Größtkreises sind die Kreis-Plätzesysteme spiegelgleich (Abbildung 7). Diese Struktur erlaubt die Interpretation, dass jedes individuelle Kreis-Plätzesystem der Subjektivität einen Doppelgänger hat, der strukturell völlig gleich ist. Es handelt sich dabei jedoch um eine Gegenwelt, die uns nicht zugänglich ist. Geht man davon aus, dass man jedes Kreis-Plätzesystem als subjektives Universum interpretieren kann, dann gibt es in der Gegenwelt viele Doppelgänger, was der Theorie der parallelen Universen entspricht.

Paragraph LXXXIII

Das Kugel-Plätzesystem fordert aber noch zu einer weiteren metaphysischen Frage heraus: Wenngleich zwischen einem subjektiven System auf einer Seinsebene und dem nächst Höheren ein absoluter Bruch (Diskontexturalität) besteht, gibt es dennoch eine Gott gegebene Vermittlung zwischen ihnen? Rein theoretisch betrachtet, können in allen beliebigen Winkeln Kreise in der Kugel bestehen, von den kleinsten bis zu den größten. Es ist daher möglich, dass es Kreis-Plätzesysteme gibt, die zwischen den Seinsebenen subjektiver Systeme durch ihre Existenz vermitteln können. Nach christlicher Lehre handelt es sich um Engel, man spricht auch von Dämonen. Philon bezeichnet sie als Diener und Gesandte Gottes, die seinen Willen vollstrecken. Da wir aber davon ausgegangen sind, dass sich die Kreis-Plätzesysteme in jeder höheren Seinsstufe mit einer neuen und besseren Materie einkleiden, sind Engel oder Dämonen unserer Wahrnehmung nicht zugänglich, denn unser Gehirn funktioniert eben nur mit irdischem Material. Erscheinungen von Engeln, von denen Menschen berichten, können nur Sinnestäuschungen oder Wahnideen sein.

Paragraph LXXXIV

Ich möchte noch einmal die Rolle der Materie, der Materien genauer gesagt, ein wenig beleuchten. Da die im Kugel-Plätzesystem permanent kreisenden subjektiven Systeme ursprünglich als leer, also ohne Besetzung durch spezifische Materialien gedacht werden können, ist der eigentliche Schöpfungsakt Gottes die Erschaffung der Materien. Hingegen ist für Plotin die Materie das Prinzip des Bösen. Aber auch Platon sieht in unserem Körper letztlich kein konstruktives Moment: „Der Körper begleitet einen jeden von uns nur als eine Art Schatten, wie denn mit Recht nach eingetretenem Tode die Körper der Verstorbenen als Scheingebilde bezeichnet werden, während der wahre Mensch als unsterbliches Wesen, das eben Seele genannt wird, zu den Göttern wandert, um dort Rechenschaft abzulegen“ (Platon, 1982). Nach Pseudodionysius Areopagita aber ist die Materie als Schöpfung Gottes nicht schlecht.

Wie wir schon besprochen haben, hat Gott den Menschen eine ontogenetische Zeitspanne gewährt, indem er uns mit einem irdischen Material ausgestattet hat. Die Funktionsdauer eines Materials ist begrenzt und führt zum Tode. Wir können dieses Material (sei es unser Körper oder die leblosen Dinge) einerseits konstruktiv zum Wohle der Natur, der Tiere und der Menschen einsetzen oder wir wenden unsere materiellen Möglichkeiten destruktiv an. Gleichzeitig ist der Mensch immer wieder von Krankheiten geschlagen, wofür wir keine Selbstverantwortung oder Schuld erkennen können, wie etwa Erbkrankheiten oder der Tod eines kleinen Kindes, das an Krebs gelitten hat. Verkörpert hier die göttliche Materie das Prinzip des Bösen?

Paragraph LXXXV

Wenn man annimmt, dass der Mensch mit der Gott gegebenen Materie ein Programm zu erfüllen hat, welches ihn für ein besseres Material zur Besetzung neuer Qualitäten reif macht, dann gibt es verschiedene Spielarten, dieses Ziel zu erreichen. Nach christlicher Lehre kann der Mensch durch Leid für das Gute geläutert werden oder Schuld schon im irdischen Dasein abgelten. So hat es auch Leibniz gesehen. Eine weitere Spielart ist die Wiedergeburt, von der beispielsweise der Hinduismus überzeugt ist. Diese Möglichkeit lässt sich durch das göttliche Prinzip der Ausstattung immer höherer Lebewesen mit immer besserer Materie erklären. Im Falle der Reinkarnation bedeutet dies, dass die Seinsstufe des Kugel-Plätzesystems eines Tieres im irdischen Universum durch eine neue Materialkombination im Sinne des menschlichen Gehirns, diese höhere Seinsstufe erreichen kann und umgekehrt. Hat ein Mensch sein Material destruktiv eingesetzt, so wird er in eine niedrigere Seinsstufe zurückversetzt. Dieser Prozess wiederholt sich dann so lange, bis der ursprüngliche Auftrag Gottes erfüllt ist und das Lebewesen in ein höheres Jenseits aufsteigen kann.

Paragraph LXXXVI

Wir sollten uns bewusst sein, dass die Bibel als Offenbarung Gottes für den Menschen geschrieben ist. Denn die materielle Ausstattung unseres Gehirns ist eben irdisch beschränkt und todgeweiht. In der Genesis ist daher die göttliche Verkörperung unseres kleinen Universums beschrieben und nicht das ewige Bestehen des unendlichen göttlichen Kosmos, wofür uns die materielle Ausstattung fehlt.

Paragraph LXXXVII

An das vorläufige, eigentlich unbeendbare Ende meiner Theodizee und naturphilosophischen Betrachtungen gekommen, möchte ich noch einen Versuch unternehmen, das christliche Mysterium der Trinität aus den bisherigen Überlegungen ein wenig zu säkularisieren.

Gott ist als unendliches Kugel-Plätzesystem darstellbar. Jesus Christus ist seine Inkorporation mit irdischem Material. Er hat das irdische Material optimal eingesetzt und das Gute des Todes im Sinne der Erlösung von materieller Begrenztheit und die Auferstehung mit besserem Material vorgelebt. Der Heilige Geist weiß um alle Kreis-Plätzesysteme im göttlichen Kosmos. Ganz wesentlich ist aber noch die Rolle der Gottesmutter Maria. Der Heilige Geist stellt das göttliche Kreis-Plätzesystem zur Verfügung, Maria ihren Körper. Ein Engel übernimmt die Technik der Vermittlung im Sinne einer Empfängnis, die nicht über die männlichen Samen geschieht. Diese so genannte Parthenogenesis ist zumindest bei Tieren naturwissenschaftlich bewiesen. Jesus Christus hat uns als Gekreuzigter die Ontogenese, als Auferstandener die Evolution und als Gott die Permanenz demonstriert. Über die vermittelnde Allmacht des Heiligen Geistes wurde die Heilige Maria für das irdische Material Christi durch die göttliche Gnade auserwählt.

Paragraph LXXXVIII

Die geometrische Struktur von Materialien verrät viel über deren Eigenschaften. Wenn Experimente versagen, lässt sich mit einem Computerprogramm die geometrische Struktur ermitteln (Glass, 2007). Dadurch wissen wir jetzt, welch ausgefallene Strukturen manche Feststoffe unter hohem Druck annehmen. Die Herausforderung an die experimentellen Chemiker ist nun, einen Weg zu finden, das bislang nur virtuell existierende Material auch real herzustellen. Das ist in der Tat materielle Evolution von Menschenhand.

Paragraph LXXXIX

Die spezifische Zusammensetzung von Materialien – wie etwa Eisen und Kohlenstoff – ermöglicht durch Transformationen geometrische Puzzlespiele, sodass das Material selbst die Maschine ist (Bhattacharya; James, 2005). Dieses Prinzip findet bereits bei Bakterien fressenden Viren in der Natur Anwendung und kann nun vom Menschen auf analoge Weise für die Technik fruchtbar gemacht werden. Obwohl die Natur das „Material = Maschinen – Prinzip“ bereits gebraucht, bedeutet seine Technisierung durch den Menschen materielle Evolution. Der Mensch wiederholt durch diese von ihm geschaffene Technik die Architektonik Gottes, indem ein bestimmter Mechanismus eine spezifische materielle Komposition erfordert. Wie bereits mehrmals erwähnt, habe ich dieses architektonische Prinzip auch anhand der Robotik zu zeigen versucht. Es besagt, dass man bestimmte Funktionen mit einem passenden Material technisieren muss, was ja auch in biologischen Gehirnen der Fall ist. So gesehen ist meine Metaphysik nichts anderes als eine Technik in gottgegebenen Zeiten.

Paragraph XC

Gott hat alle Lebewesen mit Bewusstsein ausgestattet. Die Etymologie vom Bewusstsein ist ein „Bewissen“ im Sinne eines Zurechtfindens, auf etwas zu sinnen, um etwas zu wissen. Bewusstsein ist eigentlich nichts anderes als durch Bewegung (Sinnen = einen Weg beschreiten) sich mit etwas Anderem zu vergleichen, um sich zurechtzufinden. Zurechtfinden wiederum bedeutet, durch Vergleich zu wissen, dass sich das System in einer passenden oder nicht passenden Umwelt befindet, was die Erhaltung seiner irdischen Existenz betrifft. So findet sich jedes Tier in freier Wildbahn zurecht, da es sich durch das Eigenwissen auf andere Objekte (Subjekte) durch Vergleich besinnen kann.

Die unterschiedliche Auffassung, ob man „Ähnliches durch Ähnliches“ (Pythagoras) oder „Ähnliches durch Unähnliches“ (Anaxagoras) erkennt, geht schon auf die Vorsokratiker (Diels; Kranz, 1903) zurück. Legt man aber unsere Theorie subjektiver Systeme zugrunde, so löst sich dieses Problem auf. Denn subjektive Systeme sind mit individuellen intentionalen Programmen ausgestattet, die sie in der Umwelt nach der Logik der Akzeptanz und Verwerfung zu verwirklichen trachten. Zur Intention passende Objekte (Subjekte) der Umwelt werden daher als „ähnlich“ akzeptiert, „unähnliche“ Objekte (Subjekte) hingegen verworfen. Man kann auch sagen, dass Bewusstsein wesentlich die Erzeugung eines subjektiven Raumes ist, in welchem dem Eigenwissen entsprechende Objekte wiedererkannt werden. Anders verhält es sich jedoch, wenn wir das Selbstbewusstsein des Menschen verstehen oder gar erklären wollen.

Paragraph XCI

Wenn es um das Selbstbewusstsein geht, so müssen wir genau wissen, wie und wodurch das Selbst in unseren Gehirnen verkörpert ist. Legt man das Kreis-

Plätzesystem, das bei jedem Menschen durch die Anordnung der Plätze hoch individuell ist, zugrunde, so ist es unmöglich, diese Plätzestruktur im Gehirn zu entdecken. Somit fällt menschliches Selbstbewusstsein in das Reich der Metaphysik und bedeutet einen unauslotbaren Hintergrund menschlicher Existenz. Daher weiß der Mensch niemals, wer er wirklich ist. Die zahlreichen Versuche zeitgenössischer Neurowissenschaftler, das Selbst oder mehrere Selbstsysteme im Gehirn zu lokalisieren, müssen daher scheitern. Das gilt auch für meinen eigenen Versuch (Mitterauer, 1998), was mir vor einigen Jahren noch nicht bewusst war. Der Mensch hat aber vielleicht eine technische Möglichkeit, Robotergehirne zu entwickeln, die ein minimales Selbstbewusstsein haben könnten. Dabei stellt sich allerdings die Frage, ob man das „Selbst" überhaupt definieren kann.

Paragraph XCII

Das Selbst ist zunächst nichts anderes als das Wissen eines subjektiven Systems um die Anzahl der verschiedenen Plätze (Qualitäten) und deren individuelle Anordnung (Positionen) im eigenen Kreissystem. Um diese Individualität zu erfahren, muss sich dieses System mit anderen Systemen durch Kommunikation vergleichen, wie ich es bereits im Zwei-Torimechanismus vorgeschlagen habe. Durch diesen Vorgang weiß (erfährt) ein subjektives System, wo es den anderen Systemen gleicht und wo es sich unterscheidet. Da die Vielzahl der qualitativen Plätze in menschlichen Systemen undurchschaubar ist, könnte man jedoch die Anzahl der Plätze einschränken und in einem Robotergehirn implementieren und rotieren lassen. Dieses Prinzip könnte dann den bereits ausreichend entwickelten Wahrnehmungs- und Bewegungssystemen von Robotern zugrunde gelegt werden. Man könnte nun einige weitere Roboter konstruieren, die ebenfalls über ein Gehirn verfügen, das seine Plätzeanordnung kennt. Wenn man sie in einer definierten Umwelt untereinander kommunizieren lässt, kann sich jeder Roboter laufend vergleichen, worin er sich von den anderen unterscheidet.

Paragraph XCIII

Entscheidend für das Verständnis der ontogenetischen Existenz des Menschen ist, dass unsere Kreissysteme gleich groß sind, was die Anzahl der Plätze betrifft, es besteht jedoch eine individuelle Komplexität bezüglich der Anzahl unterschiedlicher Plätze und deren Position in den Kreis-Plätzesystemen, die dem Gesetz der Tritogrammatik gehorchen. Angenommen es hätte ein Mensch einen zusätzlichen neuen Ort, so wäre er kein Mensch mehr, sondern ein höheres Wesen.

Um diese Seinsstufe zu erreichen, müssen wir die Schwelle des Todes überschreiten.

Paragraph XCIV

Legt man allein das menschliche Gehirn zugrunde, so wird es uns niemals gelingen, die Plätze in deren qualitativen Funktionen exakt zu lokalisieren und sie auf diese Weise abzuzählen. Für die Aufklärung dieses Geheimnisses gibt uns Gott zwar keine Technik, er garantiert jedoch durch die gottgegebene Zeit der Permanenz unsere dauerhafte Existenz.

Paragraph XCV

Was Leibniz in seinem Mühlengleichnis tief erkennt, betrifft auch die gottgegebenen Grenzen der Neurowissenschaften. „Denkt man sich eine Maschine, die auf die Produktion von Gedanken, Empfindungen und Perzeptionen eingerichtet wäre, so könnte man sie sich, unter Wahrung der Maße, soweit vergrößert denken, dass man wie in eine Mühle in sie hinein gehen könnte. Dies vorausgesetzt, wird man bei ihrer Besichtigung im Inneren nichts als getrennte Teile finden, die einander stoßen, aber niemals etwas, woraus man eine Perzeption erklären könnte. Also muss man die Perzeption in der einfachen Substanz suchen, nicht im Zusammengesetzten oder in der Maschine. Umgekehrt ist in der einfachen Substanz nichts anderes zu finden als dies, nämlich Perzeptionen und ihre Veränderungen. In ihnen allein können auch *die inneren Handlungen* der einfachen Substanzen bestehen“ (Leibniz, 1956).

Man kann das Gehirn zunächst durchaus als eine Maschine, die Gedanken, Empfindungen und Perzeptionen produziert, interpretieren. So wird das Gehirn von den biotechnisch orientierten Neurowissenschaften ja auch gesehen. Die technische Evolution hat es ermöglicht, dass – in Leibniz'scher Sprache – immer mehr Teile entdeckt werden, die aneinander stoßen. Die grundlegenden Prinzipien oder Gesetze dieser mannigfaltigen Bewegungen bleiben jedoch verborgen. Sind es die inneren Handlungen, von denen Leibniz spricht? So ist vor allem der Akt der Selbstreferenz, der beim Menschen das Ich-Bewusstsein erzeugt, experimentell absolut unzugänglich. Für diese Erkenntnis müsste der Mensch mit einer besseren Materie ausgestattet sein als jene seines Gehirns. Wir können daher keinen jenseitigen Blick auf unser Gehirn tätigen. Gemäß einem platonischen Realismus, den ich mit Gödel vertrete, könnten die Gehirne subjektiver Systeme auf spezifischen Kreis-Plätzesystemen beruhen, deren Struktur und elementare Kreisfunktion durch hochkomplexe Materialisierung in einem metaphysischen Nebel verborgen ist. In der zeitgenössischen Euphorie der Hirnforschung sind sich leider nur wenige Forscher dieser metaphysischen Zusammenhänge bewusst. Ein konstruktiver Proponent ist der Neuroradiologe Tebartz van Elst (2007), der mahnend feststellt, dass bildgebende Verfahren des Gehirns viel weniger aussagen, als in sie hinein interpretiert wird.

Wie ich schon zu argumentieren versucht habe, können nur Robotergehirne, denen mögliche formale Funktionsprinzipien menschlicher Gehirne zugrunde liegen, die gottgegebenen Grenzen menschlicher Existenz und irdischer technischer Evolution ihren menschlichen Schöpfern demonstrieren. Robotik ist daher die eigentliche menschliche Technik in gottgegebenen Zeiten.

Paragraph XCVI

Der amerikanische Philosoph Jerry Fodor (2000) unterzieht den Holismus der klassischen kognitiven Wissenschaften (Psychologie, Semantik, Epistemologie, Konnektionismus etc.) einer radikalen Kritik und bezeichnet das Bewusstsein sogar als Mysterium. Es fehlten noch immer grundlegende neue Ideen. Nur Gott kenne die Gesetze.

Da meine Metaphysik der Technik auch als ein Versuch einer Gottesauslegung im Sinne der Theodizee verstanden werden kann, könnten diese gesuchten Gesetze im Schöpfungsbericht der Bibel verborgen sein. Gott nimmt bei der Erschaffung der Welt *Abtrennungen* vor, wobei Gegensatzpaare (Himmel – Erde; Tag – Nacht; Licht – Finsternis; Mann – Frau) entstehen. Die zeitlichen Abläufe bewegen sich im Kreise, indem sich Tag und Nacht permanent abwechselnd wiederholen. Die Erschaffung der Lebewesen (Pflanzen, Tiere) erfolgt *jedes nach seiner Art*. Das Gebot Gottes lautet für die Pflanzen und Tiere, dass sie wachsen und sich vermehren sollen. Der Mensch wiederum soll sich die anderen Lebewesen untertan machen und auch sich selbst vermehren. Es gibt nur ein Verbot, nämlich nicht vom Baum der Erkenntnis zu essen. Da Adam und Eva dieses Verbot verletzt haben, mussten sie sehen, dass sie nackt waren, sodass sie das Gegensatzpaar von Gut und Böse erkannten.

Paragraph XCVII

Welche Prinzipien sind im Schöpfungsbericht verborgen oder liegen vielmehr auf der Hand? Können wir aus der Technik, wie Gott das Universum gemacht hat, das Mysterium des Bewusstseins ein wenig enträtseln? Die Schöpfungstechnik Gottes beruht im Wesentlichen auf folgenden Prinzipien oder Gesetzen:

1. Die *Abtrennung*. Hier handelt es sich um räumlich getrennte, eigenständige Wirklichkeitsbereiche im Sinne eines vielörtlichen Universums.
2. Die *Dialektik*. Die Abtrennung erfolgt so, dass jeweils Gegensatzpaare entstehen wie Himmel und Erde; Wasser und Land; Fische und Vögel; Tiere und Pflanzen; Mann und Frau.
3. *Vermittlung in zyklischer Zeit*. Nach jedem Schöpfungsakt heißt es: „und es ward Abend und es ward Morgen".
4. Qualitative Eigenständigkeit der einzelnen Wirklichkeitsbereiche. Gott schuf *jedes nach seiner Art*.
5. Intentionale Programmierung nach Geboten und Verboten.
6. Konstruktive und destruktive Machbarkeit. Hier geht es um die Erfüllung von Geboten und die Verletzung von Verboten auf der Grundlage eines Sittengesetzes: „sie schämten sich, dass sie nackt waren".
7. Die ontologische Verwerfung des Nichtmachbaren. Durch die Verletzung des Verbotes, vom Baum der Erkenntnis zu essen, hat der Mensch erkannt, dass es auch das Böse gibt. Da es aber im Paradies für den Menschen das Böse nicht gibt, wurde er aus dem Paradies verworfen. In anderen Worten: ein paradiesisches Leben war nicht mehr machbar.

Paragraph XCVIII

Geht man davon aus, dass unser Gehirn einen bewusstseinsproduzierenden Apparat verkörpert, dann könnten wir vielleicht das Geheimnis der Entstehung des Bewusstseins besser verstehen, wenn es uns gelingt, diese 7 Prinzipien in der Architektur und den Funktionen des Gehirns zu entdecken. Wenngleich die Ausarbeitung dieser Frage einer eigenen und schwierigen Studie bedarf, möchte ich kurz versuchen, diese Prinzipien aus dem göttlichen Schöpfungswerk des Universums auf das menschliche Gehirn zu übertragen. Denn wenn der Mensch ein Abbild Gottes ist, dann muss die Schöpfungstechnik Gottes auch im menschlichen Gehirn am Werke sein.

Demnach besteht unser Gehirn aus vielen eigenständigen begrenzten Orten, die sich in ihren Funktionen qualitativ irgendwie unterscheiden – „Jedes nach seiner Art". Eine örtliche und funktionelle Unterscheidung bedeutet wiederum Trennung („Abtrennung"), was ich nach Günther Diskontexturalität nenne. Die wiederkehrenden Gezeiten (Tag – Nacht) im Schöpfungsakt erscheinen in unserem Gehirn als biorhythmische Zyklen (schlafen – wach sein etc.) und ermöglichen uns das Gegensätzliche unseres Tuns und dessen permanente Wiederholung zu erkennen und das Eine durch das Andere zu erleben. Wie diese Dialektik im Gehirn abläuft, ist weitgehend unbekannt. Allerdings hat schon in den 60er Jahren McCulloch (1965) ein Hirnmodell vorgelegt, das davon ausgeht, dass unser Verhalten auf Gegensatzpaaren beruht, welche im Hirnstamm erzeugt werden. Diese Theorie könnte die Bewusstseinsforschung weiter bringen (Mitterauer, Kopp, 2003).

Paragraph XCIX

Wie im Gehirn nach dem Vorbild Gottes die intentionalen Programme entstehen, um durch seine Gnade Technik zu betreiben, lässt sich experimentell nicht entdecken. Mein diesbezügliches Hirnmodell, welches auf der Handlungssprache (Negativsprache) Günthers beruht, kann nur in einem künftigen Robotergehirn als intentionale Programmierung auf deren Machbarkeit und Wirksamkeit hin überprüft werden (Mitterauer, 2007a).

Wir tragen ein Sittengesetz in uns, das eigentlich erst notwendig geworden ist, als der Mensch das göttliche Verbot, nicht vom Baum der Erkenntnis zu essen, übertreten hat. Seither müssen die formalen Regeln, nach denen die Gehirnfunktionen ablaufen, nicht nur auf Geboten, sondern auch auf Verboten beruhen, was ja auch in der Mathematik der Fall ist. Im Paradies hat der Mensch weder ein Sittengesetz noch die Mathematik gebraucht. So gesehen hat der Mensch für das Wissen von Gut und Böse und die mathematischen Gesetze Gottes teuer bezahlt. Legt man die oben beschriebenen Prinzipien des Schöpfungswerkes Gottes zugrunde, so sind sie raumzeitlich dialektisch organisiert, wesentlich bestimmt von Gegensatzpaaren, Diskontexturalität und Verwerfung des Nichtmachbaren. Für diese Dialektik fehlt immer noch eine operationsfähige Mathematik. Dabei hat Günther bereits eine dialektische Logik subjektiver Systeme vorgelegt, deren Mathematisierung jedoch noch in den Sternen steht. Was die Hirnforschung betrifft, so ist sie nach wie vor holistisch orientiert, sodass sich zwar bisweilen das Problem der Diskontexturalität (Separation, Werner 2007) stellt, jedoch so gut wie nie das Problem der dialektischen Funktionsabläufe oder gar deren mathematische Darstellung.

Paragraph C

Mein Vorschlag, „jedes nach seiner Art“ als Kreis-Plätzesystem darzustellen, ist ebenfalls in unserem Gehirn experimentell nicht nachweisbar. Die Hirnforschung kann daher nicht zeigen, wie wir uns durch Identität und Differenz von Plätzen unterscheiden und dadurch zum Bewusstsein unserer Einzigartigkeit gelangen. Ob uns Gott die Gnade gewährt, Roboter nach diesen formalen Prinzipien zu bauen, wird die technische Evolution des Menschen in den kommenden Jahrhunderten zeigen.

Die vermutlich unüberwindbare formale und technische Hürde dürfte aber darin bestehen, dass die in unserem Gehirn vorhandenen örtlichen Bereiche und unzusammenhängenden Funktionsabläufe zu einer generellen Funktionseinheit permanent integriert werden müssen, sodass wir über ein Ich-Bewusstsein verfügen. Hier sehe ich die absolute Grenze der Bewusstseinsforschung, weil nur Gott weiß, was es wirklich heißt, wenn er „Jedes nach seiner Art" erschafft. In kybernetischer Sprache heißt diese integrative und individuelle Funktion Selbstreferenz, welche Günther (1971) als mysteriös bezeichnet hat und deren Erkenntnis von Gott entzogen sein dürfte. Auch diese Funktion können wir experimentell im Gehirn nicht entdecken.

Paragraph CI

Seit der Verletzung des Verbotes, vom Baum der Erkenntnis zu essen, sind wir vor allem aber auch totgeweiht. Dieses Prinzip lässt sich im Gehirn am besten nachweisen. Man spricht von Apoptose oder programmiertem Zelltod. Viele Menschen verdrängen, dass ihr irdisches Leben von Anfang an auf den ontogenetischen Tod hinausläuft, ein Prozess, der unser existentielles Bewusstsein und dessen Erforschung mehr bestimmt, als es der Bewusstseinsforschung derzeit bewusst ist (Mitterauer, 2000).

Paragraph CII

Vielleicht ist es besser, die Grenzen der experimentellen Hirnforschung endgültig anzuerkennen und nach dem Vorbild Gottes konstruktive technische Produkte zu erzeugen. Dann erlebt der Mensch ein Selbstbewusstsein, wenn er sieht, dass die Technik gut funktioniert und sich zum Wohle der Natur, der Tiere und des Menschen entwickelt. Ganz im Sinne der Genesis: „und Gott sah, dass es gut war."

Paragraph CIII

Kehren wir noch einmal an den Anfang des biblischen Schöpfungsberichtes zurück, wo geschrieben steht: „Am Anfang schuf Gott den Himmel und die Erde.

Die Erde war noch formlos und ungeordnet." Man könnte auch sagen, dass Gott ein irdisches oder materielles Chaos vorgefunden hat, in welches er durch seinen Schöpfungsakt Ordnung hineingebracht hat. Dieser technische Ansatz wiederholt sich zurzeit in Physik und Hirnforschung. Man ist zunehmend bemüht, chaotische bzw. nonlineare Systeme zu „zähmen", indem man die versteckte Ordnung zu entdecken versucht (Wapenaar, Snieder, 2007). Obwohl die Quantenmechanik oft als inhärent zufällig und unbestimmt beschrieben wird, gibt es keinen Zufall oder Unbestimmtheit, wenn man das Modell der Entwicklung der Wellenfunktion nach Tegmark (2007) zugrunde legt. Wenn nämlich die Wellenfunktion nicht kollabiert – wie schon Ewerett angenommen hat – dann beschreibt sie eine Superposition für getrennte Welten, welche dem Beobachter als zufällig erscheinen. Diese Interpretation der Quantentheorie ist für meine formale Darstellung der Metaphysik der Technik als Kugel-Plätzesystem von besonderer Bedeutung, worauf ich bereits hingewiesen habe.

Paragraph CIV

Für große Metaphysiker wie Leibniz oder Günther herrscht in jedem Universum Ordnung und Chaos scheint nur dann zu bestehen, wenn wir die einem System zugrunde liegende Ordnung nicht erkennen können. „So gibt es nichts Ödes, nichts Unfruchtbares, nichts Totes im Universum, kein Chaos, keine Verwirrung außer dem Anschein nach" (Leibniz, 1956). Nach dem Prinzip der Dialektik verlangt allerdings der Umstand, dass Gott am Anfang eine chaotische Materie vorgefunden hat, eine weitere Interpretation. Offensichtlich handelte es sich im Universum um ein grundlegendes Gegensatzpaar, nämlich jenes von Chaos und Ordnung, welches immer schon – also noch vor dem Schöpfungsakt – vorhanden war. Dasselbe könnte auch für die Dialektik zwischen Gut und Böse gelten. Nach biblischer Lehre ist für den Menschen diese Dialektik erst durch den Sündenfall zum Tragen gekommen, sie war aber schon vorher da, sonst hätte Gott den Menschen diese Erkenntnis nicht verboten. Da sich chaotische Unordnung nicht mit der paradiesischen Vollkommenheit verträgt, bestimmt ab dem Sündenfall das Leben des Menschen auch die Unordnung.

Paragraph CV

Was Leibniz in Paragraph XC der Theodizee über die Seelen schreibt, ist eng verwandt mit meiner Metaphysik der Technik, so wie ich sie hier darzustellen versucht habe. „Ich bin der Meinung, dass die Seelen, und allgemein die einfachen Substanzen nur durch Erschaffung anfangen und nur durch entsprechende Vernichtung endigen können. Da nun die Bildung der beseelten organischen Körper in der Ordnung der Natur offenbar nur dadurch zu erklären ist, dass man eine schon organische *Vorgebildetheit (Präformation)* voraussetzt, habe ich daraus geschlossen, dass das, was wir die Erzeugung eines Tieres nennen, nur eine Umbildung (Transformation) und ein Anwachsen ist: da demnach derselbe Körper schon vorher beseelt war, und da er schon dieselbe Seele hatte, wird, dementsprechend, wie ich *umgekehrt* über die Erhaltung der einmal erschaffenen Seele urteile, auch das ganze Tier erhalten, und der scheinbare Tod ist nur eine Einschrumpfung, denn es spricht nichts dafür, dass es in der Ordnung der Natur Seelen gäbe, die von jedem Körper vollständig getrennt wären, noch auch dafür, dass etwas, was natürlicherweise keinen Anfang hat, durch die Naturkräfte ein Ende nehmen könnte" (Leibniz, 1968).

Man kann die Präformation aller Seelen des Universums als Kugel-Plätzesystem formal darstellen. Dabei handelt es sich um eine permanente Aszendenz im Sinne eines Näherungsprozesses an die göttliche Vollkommenheit. Permanenz heißt aber auch, dass die individuellen Kreis-Plätzesysteme, welche man mit Leibniz Seelen nennen kann, keinen Anfang und kein Ende haben. Im technischen Prozess, der von Gott gegeben ist, bedeutet Ontogenese materiellen Tod und Evolution materielle Verbesserung gleich einer Auferstehung, sodass der Tod nur scheinbar erfolgt.

Paragraph CVI

Die zeitgenössische hitzige Debatte, ob die Entwicklung des Universums auf einem Evolutionsprozess beruht oder einem göttlichen Schöpfungsplan folgt, ist kein Entweder-Oder-Problem, sondern hat eine Und-Antwort, wenn man die Konzeption von den drei Zeiten (Ontogenese, Evolution, Permanenz) sowie ein unendliches Kugel-Plätzesystem zugrunde legt. Gegen einen planenden Schöpfergott argumentiert Kanitscheider (2007) so: „Niemandem ist es je geglückt zu klären, was es heißen soll, dass ein unmaterielles, raumzeitloses Wesen etwas plant. Welche identifizierbaren Prozesse in diesem zeitlosen Agens könnten der Konstruktion eines Musters entsprechen, das anschließend in einem ebenso kausal rätselhaften Schöpfungsprozess in die Wirklichkeit umgesetzt wird?"

Geht man von einer Darstellung aller möglichen Universen als Kugel-Plätzesystem aus, so handelt es sich um räumlich finite (polyontologische) Kreis-Plätzesysteme, die permanent rotieren und als göttliches Kugel-Plätzesystem räumlich potentiell unendlich sind. Demnach ist Gott kein „raumzeitloses" Wesen, sondern bereits in sich als „musterhaft" beschrieben, so dass sich das Problem der Erzeugung von Mustern als Schöpfungsakt gar nicht stellt. Es geht dabei auch nicht um ein „zeitloses Wesen“, sondern um eine permanente, zyklisch wirkende Kraft, die Kreis-Plätzesysteme zu bewegen und diese zu verkörpern. Der eigentliche Schöpfungsakt liegt daher in der Verkörperung immer schon rotierender Seinsbereiche. Das betrifft alle Lebewesen in jedwedem Universum.

Hier könnte man von einer göttlichen Selbstorganisation sprechen, die sich einer naturwissenschaftlichen „Identifikation“ entzieht und daher eine Glaubensfrage ist. Wenn Kanitscheider (2007) von nicht identifizierbaren Planungsprozessen eines göttlichen Schöpfers spricht, so liegt dieses Nichtwissen wesentlich an der Beschränktheit unserer Selbsterkenntnis und ist kein wirkliches Argument gegen eine mögliche göttliche Selbstorganisation der Universen. Überlegt man sich, dass die Hirnforschung die Selbstorganisation mittlerweile als universales Prinzip entdeckt hat, dessen Identifikation in seinem Zusammenspiel von myriaden Elementen sich jedoch der naturwissenschaftlichen Aufklärung entzieht, so muss dieses Nichtwissen stärker noch für eine mögliche göttliche Selbstorganisation der Universen gelten. Während die Naturwissenschaften bei probabilistischen Systemen Zuflucht suchen, kann es in der Theodizee keinesfalls um Wahrscheinlichkeiten gehen, sondern nur darum, wo Erklärungsversuche Gottes an ihre Grenzen stoßen und der Glaube als Gnade beginnt.

Die natürliche Evolution unseres Universums, die angeblich keinen Schöpfer braucht, ist ein reduktionistischer Ansatz, da er rein anthropozentrisch ist. Da geschieht auf der einen Seite die biologische Evolution aller irdischer Lebewesen, an der kein Zweifel bestehen kann, und auf der anderen Seite treibt der Mensch die technische Evolution vehement voran. Diese technische Evolution ist Ausdruck der Schöpferkraft des Menschen und wird in meiner Philosophie der Technik in den Brennpunkt gestellt. Geht man davon aus, dass die Evolution eine nach vorne offene Zeit ist, so stellt sich die Frage, ob die Naturwissenschaften nicht von einer Zeitkonzeption ausgehen, die in einem Universum zwar eine Rolle spielt, aber dessen Existenz – so wie ich annehme – nicht wirklich grundlegend bestimmt. Hier könnte die noch rätselhafte dunkle Energie grundlegendes erhellen. Zur Lösung des Rätsels der dunklen Energie schlagen Physiker der Universität von Princeton ein zyklisches Universum vor, in dem es immer wieder zu einem Urknall kommt (Körkel, 2007). Dieses mögliche Erklärungsmodell aller möglichen Universen spricht zwar nicht gegen die Evolution, sondern vor allem für eine zyklische Zeit, die ich Permanenz nenne.

Paragraph CVII

Für den Menschen als Gemeinschaftswesen bedeutet das Sterben eigentlich Trennung – ein Prinzip, das schon im Schöpfungsakt Gottes eine entscheidende Rolle spielt. Formal gesehen handelt es sich um einen radikalen Bruch zwischen Wirklichkeitsbereichen, was Günther Diskontexturalität nennt. Man kann allerdings mit dem Prinzip der Diskontexturalität die Metaphysik des Todes säkularisieren und den Tod als Transformationsprozess beschreiben. Ein lebendes System wie beispielsweise das menschliche Gehirn ist in sich hoch diskontextural. Dasselbe gilt zwischen allen Lebewesen und Dingen der Umwelt. Leben ist daher von Diskontexturalität getragen. Nimmt dieses Trennungsprinzip schrittweise ab, so nähern wir uns dem Tod. So gesehen bedeutet Holismus eigentlich Tod. In Wirklichkeitsbereichen, in denen unser Gehirn holistisch operiert, sind wir daher bereits tot, während die diskontexturalen Operationen des Gehirns Leben bedeuten. Der ontogenetische Tod ist letztlich ein Transformationsprozess, der sich laufend aus der Dialektik zwischen materieller Ontogenese und materieller Evolution entwickelt. Dabei handelt es sich einerseits um die „Rückkehr zur Erde, aus der wir genommen sind", andererseits aber um die Eröffnung neuer Räume, die diskontextural zu allen bisherigen sind. „Und da das Phänomen der Diskontexturalität auch die Beziehung eines organischen Systems zu seiner Umwelt erfasst, ist es ganz legitim zu sagen, dass etwas am Leben sein dürfte in Bezug zu einer bestimmten Umwelt und tot auf eine andere Umwelt bezogen – eine absurde Annahme, wenn wir den Tod als radikale Trennung einer einheitlichen Seele von lebloser Materie definieren, die vorher von der Seele belebt wurde und aufgehört hat, die Materie zu bewohnen" (Günther, 1973, unsere Übersetzung).

Paragraph CVIII

Unsere Technik in gottgegebenen Zeiten ist letztlich ein unbeendbarer Prozess auf dem Weg durch den Kosmos, sich der göttlichen Vollkommenheit permanent zu nähern.

Architektonische Psychopathologie

„Warum eigentlich sollte nicht jeder seine Meisterwerke nötig haben?"
(P. Handke)

Wie ich in der bisherigen Abhandlung unter verschiedenen Gesichtspunkten zu zeigen versucht habe, beruht meine Philosophie der Technik wesentlich auf dem architektonischen Prinzip. Dieses besagt, dass subjektive Systeme permanent danach streben, ihre intentionalen Programme mit passendem Material zu verwirklichen, was technische Machbarkeit bedeutet. Da das architektonische Prinzip universell am Werke ist, kann es auch zu einem tieferen Verständnis der so genannten Geistes- und Gemütserkrankungen beitragen. Die Psychiatrie spricht von endogenen Psychosen, Depression, Manie, Wahn bzw. Schizophrenie genannt. Ehe ich auf diese psychobiologischen Störungen konkret eingehe, soll ein formales Modell dem architektonischen Prinzip der Machbarkeit zugrunde gelegt werden, wobei es in der Psychopathologie um Nicht-Machbarkeit geht.

Günther (1963) hat eine Logik der Balanzierung eingeführt. Diese besagt, dass die Operationen eines lebenden Systems dann balanziert sind, wenn die Anzahl der Variablen und der Werte gleich ist. Allgemein gesprochen ist eine Variable alles, was fähig ist, sich zu verändern, jedoch zu einem bestimmten Zeitpunkt nicht mehr als mit einem Wert besetzt werden kann. Aus kybernetischer Perspektive ist eine Variable etwas, was an seiner Identität festhält und gleichzeitig fähig ist, seinen Zustand zu ändern im Sinne einer materialen „Selbstverdinglichung" (Krippendorff 1986). Man kann auch sagen, dass Variablen in lebenden Systemen nach deren Machbarkeit bzw. Realisierung mit Werten streben im Sinne einer Besetzung mit passendem Material. Dabei sind folgende vier Systemzustände möglich:

1. Die Anzahl der Variablen (n) und die Anzahl der Werte (m) ist gleich ($m = n$).
2. Die Anzahl der Variablen überwiegt jene der Werte ($n > m$). Dieses System ist unterbalanziert, weil die Variablen nicht genug Werte (Material) für deren Machbarkeit zur Verfügung haben.
3. Die Anzahl der Werte überwiegt jene der Variablen ($m > n$). Dieses System ist überbalanziert, da ein Überschuss an Material vorhanden ist.
4. Das System verfügt über keine Variablen und ist daher völlig unbalanziert.

Meine Theorie der biotechnischen Entstehung der endogenen Psychosen besagt nun, dass die Synapsen (Orte der Informationsübertragung) des Gehirns eine Depression verursachen, wenn sie unterbalanziert sind. Eine Manie entsteht dann, wenn sie überbalanziert sind. Eine völlige Inbalance wiederum dürfte für Wahn bzw. Schizophrenie verantwortlich sein. Um von diesen synaptischen Systemzuständen die typischen psychopathologischen Störungen ableiten zu können, muss zuerst das Schema einer ungestörten Synapse dargestellt werden.

Formalismus der Balanzierung in tripartiten Synapsen

Im Lauf der letzten Dezennien wurden immer wieder neue Modell der synaptischen Informationsübertragung vorgestellt, für die architektonische Psychopathologie ist jedoch das Modell einer tripartiten Synapse (Araque et al. 1999) am aussagekräftigsten (Abbildung 1).

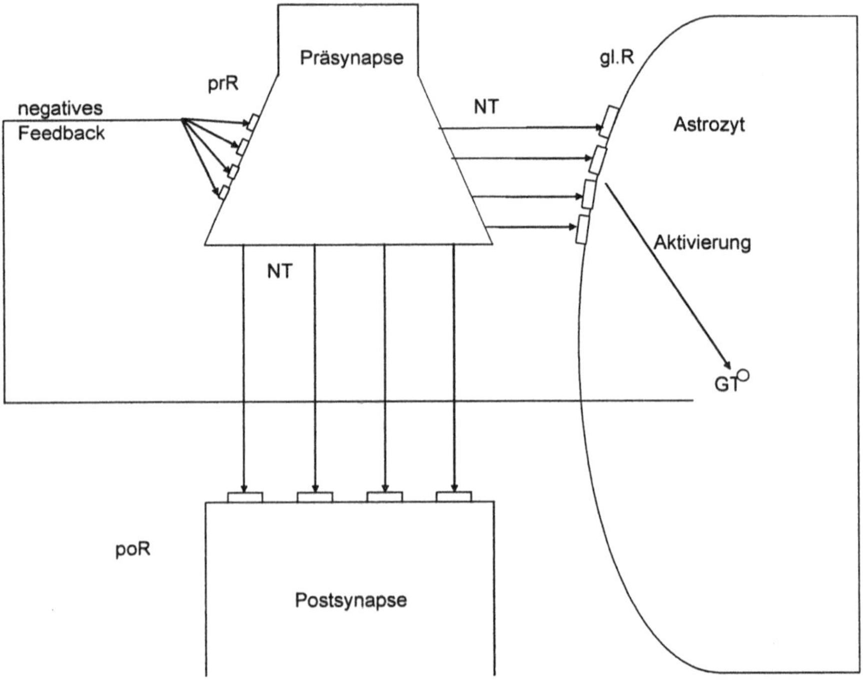

Abbildung 1. Modell einer tripartiten Synapse (siehe Text)

Während der synaptischen Informationsübertragung werden von der Präsynapse Neurotransmitter (NT) in den synaptischen Spalt freigesetzt und besetzen sodann die Rezeptoren an der Postsynapse (poR). Gleichzeitig werden die Rezeptoren am Astrozyten (gliale Rezeptoren, glR) mit den freigesetzten Neurotransmittern besetzt. Dadurch erhöht sich die Kalziumkonzentration im Astrozyten, sodass dieser Zelltyp von sich aus Transmitter (Gliotransmitter, GT) produziert und passende Rezeptoren an der Präsynapse (prR) besetzt. Dadurch erfolgt ein negativer Feedback-Mechanismus, der die synaptische Informationsübertragung vorübergehend unterbricht.

		Gliale Rezeptoren (Variablen)					
Neurotransmitter (Werte) m	n	1	2	3	4	5	6
1		1 1	2 1	3 1	4 1	5 1	6 1
2		1 2	2 2	3 2	4 2	5 2	6 2
3		1 3	2 3	3 3	4 3	5 3	6 3
4		1 4	2 4	3 4	4 4	5 4	6 4
5		1 5	2 5	3 5	4 5	5 5	6 5
6		1 6	2 6	3 6	4 6	5 6	6 6

Tabelle 1. Logische Balanzierung, Überbalanzierung und Unterbalanzierung in tripartiten Synapsen

Wenn man nun die glialen Rezeptoren am Astrozyten als Variablen und die Neurotransmitter als Werte interpretiert, dann kann man die Logik der Balanzierung auch auf die synaptische Informationsübertragung anwenden. Tabelle 1 zeigt die logische Balanzierung bzw. die möglichen Inbalancen zwischen den glialen Rezeptoren (Variablen, n) und den Neurotransmittern (Werte, m). In der horizontalen Linie dieser Matrize sind sechs gliale Rezeptoren aufgezählt (n = 6), auf der vertikalen Linie sind sechs Neurotransmitter eingetragen (m = 6). Innerhalb der Matrize bezeichnen die oberhalb eingetragenen Zahlen die glialen Rezeptoren, die unterhalb stehenden Zahlen die Neurotransmitter. Diese in Quadrate eingeschrieben Zahlenpaare bilden eine Diagonale, welche balanzierte synaptische Systeme repräsentiert. Dabei sind die Zahlenpaare unterhalb der Diagonale überbalanziert, weil die Anzahl der Neurotransmitter jene der glialen Rezeptoren überwiegt. Hingegen sind die Zahlenpaare oberhalb der Diagonale unterbalanziert, da die Anzahl der glialen Rezeptoren das synaptische System dominiert. Ein völlig unbalanziertes synaptisches System ist übersichtshalber nicht dargestellt.

Von diesem formalen Modell können nun die typischen psychobiologischen Störungen der Depression, Manie und der Schizophrenie abgeleitet werden. Dabei wird sich zeigen, dass bei allen Störungen das architektonische Prinzip im Sinne der Nicht-Machbarkeit verletzt ist. Beginnen wir mit der Depression.

Architektonisches Modell der Depression

Die Depression ist eine Gemütserkrankung, die weltweit bei etwa 10 % der Menschen zumindest einmal im Leben auftritt. Die Kernsymptome der Depression sind eine gedrückte Stimmung, Interesse- und Freudlosigkeit, Störungen der Biorhythmen, psychomotorische Störungen (Hemmung oder Unruhe) sowie Insuffizienzgefühle (Wertlosigkeit etc.) [American Psychiatric Association, 1998].

Wenngleich sich die zeitgenössischen Erklärungsmodelle der Depression auf biologische, psychologische und soziologische Ansätze konzentrieren, herrscht dennoch ein breiter Konsens, dass die Depression eine multifaktorielle Genese hat, die wesentlich auf Interaktionen zwischen biologischer Anlage und psychosozialem Stress zurückzuführen ist (Akiskal, 1995). Meine Depressionsforschung versucht einerseits, der multifaktoriellen Genese der Depression gerecht zu werden, indem die Interaktion psychologischer und biologischer Entstehungsbedingungen in den Brennpunkt gestellt wird. Andererseits aber wird ein neuer Forschungsansatz verfolgt, wobei auf der Grundlage psychologischer und biologischer Funktionen normalen menschlichen Verhaltens ein kybernetisches Modell entwickelt wird, welches die Phänomenologie der Depression erklären kann (Mitterauer, 1994; 2004b).

Ich möchte nun so vorgehen, dass zuerst das Modell der Depression im Überblick beschrieben wird und sodann die einzelnen konstituierenden Komponenten in deren Wechselspiel schrittweise erklärt werden.

Biokybernetischer Zyklus der Depression

Der zur Depression neigende Mensch ist in seinen Lebensprogrammen *hyperintentional* im Sinne hoher narzisstischer Ansprüche an sich selbst und die mitmenschliche Umwelt. Mit dieser Hyperintentionalität geht einher, dass gerade jene intentionalen Programme, die subjektiv am wichtigsten sind, zumindest in einem bestimmen Zeitraum in der Umwelt nicht machbar sind. Daraus folgt, dass das Leben großen Stress mit sich bringt. Wenn sich dieser Stress biologisch dahingehend auswirkt, dass es zu einer Verlangsamung der Informationsübertragung in den Synapsen des Gehirns kommt, dann erfolgt gleichzeitig eine Verschiebung der im Hirnstamm erzeugten psychobiologischen Verhaltensmodalitäten (Schlaf, Arbeit, Emotionen, Kommunikation etc.)

Da der (die) Betroffene für diese psychobiologische Verhaltensveränderung keine subjektiv ausreichende Erklärung finden kann, kommt es zu einem Verlust des Selbstverständnisses. Dieser Verlust des Selbstverständnisses führt wiederum dazu, dass keine konstruktiven Argumente zur Verfügung stehen, nicht machbare Intentionen zu verwerfen und auf diese Weise die Hyperintentionalität als Kernkomponente der Depression in den Griff zu bekommen. Solange dieser in Abbildung 2 dargestellte Zyklus nicht unterbrochen werden kann, besteht eine depressive Stimmungslage.

Zum Verständnis der Entstehung der einzelnen pathogenen Funktionen im Zyklus der Depression ist es erforderlich, diese von den Normalfunktionen menschlichen Verhaltens abzuleiten.

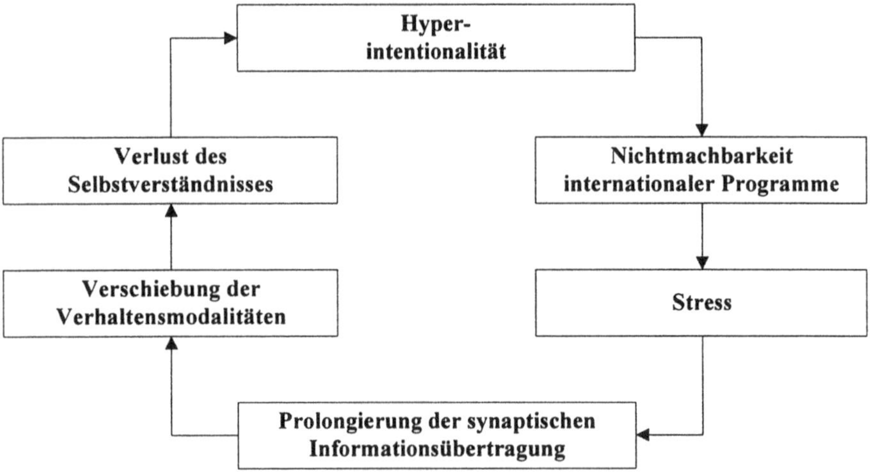

Abbildung 2. Biokybernetischer Zyklus der Depression

Elementare Verhaltenszyklen in tripartiten Synapsen

Wie bereits ausgeführt, legen neuere Ergebnisse der Hirnforschung nahe, dass die synaptische Informationsübertragung nicht nur von der Präsynapse auf die Postsynapse erfolgt, sondern dass ein drittes Zellelement, nämlich die Astrozyten (Gliazellen) sogar eine aktive und modulierende Funktion auf die Informationsübertragung ausüben. Man spricht daher von tripartiten Synapsen. Aus kybernetischer Perspektive kann man eine tripartite Synapse als einen elementaren Verhaltenszyklus beschreiben (Mitterauer, 2004b). Hier handelt es sich um einen interdisziplinären Ansatz, der für eine Interpretation der Genese der Depression hilfreich sein kann.

Ein lebendes System wie der Mensch ist mit intentionalen Programmen (biologische Bedürfnisse, Sehnsüchte, Wünsche etc.) ausgestattet, welche zur Verwirklichung in einer passenden Umwelt drängen (Iberall und McCulloch, 1969). Ein elementarer Verhaltenszyklus charakterisiert daher die intentionale Beziehung eines lebenden Systems zu seiner Umwelt (Abbildung 3).

Zunächst aktualisiert eine Umweltinformation ein bestimmtes intentionales Programm. Kann ein lebendes System passende Objekte zur Verwirklichung eines spezifischen intentionalen Programms in der Umwelt finden, dann schließt sich der Kreis, vergleichbar einer Erfahrung, die auf einem negativen Feedback-Mechanismus beruht. Dieser schwächt das anfänglich positive Signal zunehmend ab, sodass es schließlich zur Unterbrechung der Informationsübertragung kommt.

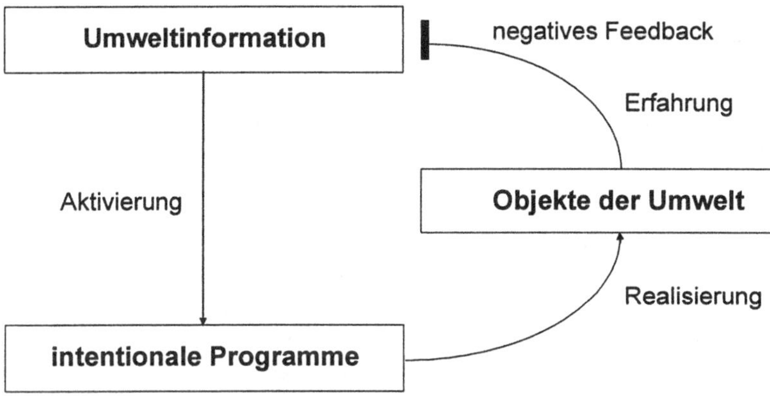

Abbildung 3. Elementarer Verhaltenszyklus

Die in Abbildung 1 dargestellte tripartite Synapse kann in deren Funktion als elementarer Verhaltenszyklus interpretiert werden. Angeregt durch Umweltinformationen aus den Wahrnehmungssystemen werden Neurotransmitter (NT) von der Präsynapse zur Besetzung der postsynaptischen Rezeptoren (poR) freigesetzt. Gleichzeitig werden gliale Rezeptoren (glR) durch Neurotransmitter besetzt, was zur Aktivierung der intentionalen Programme im Astrozyten führt. Diese intentionalen Programme werden durch Gliotransmitter (GT) verkörpert und zur Besetzung der präsynaptischen Rezeptoren (prR) freigesetzt. Auf diese Weise können die intentionalen Programme realisiert werden und strukturierend in die synaptische Informationsübertragung eingreifen, indem sie einen negativen Feedback-Mechanismus bewirken, was einer „synaptischen Erfahrung" gleichkommt.

Entsprechend der Logik der Balanzierung ist die Anzahl der Neurotransmitter (NT) und die Anzahl der glialen Rezeptoren (glR) gleich. Andere synaptische Substanzen (Ionen, Neuromodulatoren etc.) sind übersichtshalber nicht dargestellt.

Erzeugung der Verhaltensmodalitäten

Um ein integriertes Verhalten zu erzeugen, muss ein lebendes System fähig sein, stabile Systemzustände herzustellen, Verhaltensmodalitäten genannt. Normalerweise sehen wir zwar das menschliche Verhalten nicht als modal an, die meisten Menschen haben jedoch die Erfahrung, dass ihr Bewusstsein eine Einheit bildet und dass sie zu einem bestimmten Zeitpunkt nur eine Verhaltensmodalität gut ausführen können (Kilmer et al, 1969). In systemtheoretischer Sprache ausgedrückt, kann daher stets eine dynamische Aktionsweise identifiziert werden, beispielsweise „das System schläft". In Tabelle 2 sind die wesentlichen Verhaltensmodalitäten aufgelistet. Dabei ist als Zeitkonstante der weibliche Menstruationszyklus festgelegt. Über die Jahre habe ich diese Liste auf 35 Verhaltensmodalitäten erweitert (Mitterauer, 2007b).

McCulloch (1966) hat nachgewiesen, dass die Fähigkeit des Gehirns, Verhaltensmodalitäten zu erzeugen, auf der integrativen Funktion der retikulären Formation des Hirnstammes beruht, da dieses System nach dem Prinzip der „redundancy of potential command" operiert. Redundancy of potential command bedeutet zunächst nichts anderes als dass Neuronen oder Module, die über die meiste Information verfügen, auch die meiste Autorität haben. Zum besseren Verständnis dieses Prinzips brachte McCulloch (1965) das Beispiel einer Kriegsflotte, wo das Verhalten der gesamten Flotte vorübergehend von jenem Schiff bestimmt wird, das als erstes den Feind gesichtet hat. Dieses Prinzip operiert nach einer abduktiven Logik (Abduktion).

In technischer Sprache ist Abduktion die Auswahl eines passenden Programms aus einem Programmrepertoire entsprechend einer Regel für die Analyse von Programmanforderungen. Diese Programme sind in dem Sinne allgemein gehalten, als sie alle für eine prinzipielle Verarbeitung der Umweltinformation geeignet sind. Gleichzeitig sind sie jedoch hoch spezialisiert für die Verarbeitung spezifischer Umweltinformationen. Wenn eine spezifische Umweltinformation auf das System einwirkt, kann es entscheiden oder auswählen, welches Programm diese Information betrifft bzw. welches Programm für die Verarbeitung dieser Information am besten geeignet ist. Das gesamte Repertoire dieser Programme ist heterarchisch (zirkulär) organisiert und operiert nach dem Prinzip der redundancy of potential command. McCulloch (1966) beschreibt die in der retikulären Formation des Hirnstamms ablaufenden Abduktionen wie folgt: *„It starts out with rules; from this you run away: that you eat etc. It starts out with these rules; it is presented with the fact and it makes a guess that that fact is a case under that rule. This is the diagnostic procedure, the abductive procedure."*

	Zeitprozent
Schlafen	30 %
Essen	5 %
Trinken	1 %
Stuhlgang / Wasserlassen	1 %
Geschlechtsverkehr	3 %
Arbeiten	25 %
Zeiten, wo Sie nichts tun	3 %
Sprechen	5 %
Aufmerksamkeit	4 %
Bewegungsfähigkeit (Gehen, Laufen, Spielen usw.)	4 %
Zorn, Wut, Ärger	1 %
Ausweichen verschiednen Situationen, Personen, Dingen	1 %
Ängstlichkeit	2 %
Fröhlichkeit	2 %
Lachen	1 %
Aggressivität (Angriffslust, Streitsucht)	1 %
Furcht	
Kämpfen um eine Sache	1 %
Flüchten aus bestimmten Situationen	
Zwischenmenschliche Kontakte	8 %
Empfinden von Neid	1 %
Gier nach etwas Bestimmtem (z.B. Geld, Dinge, Menschen, Gesundheit)	1 %
Gesamt	100 %
	+/- 20 % Verhaltenszeit

Tabelle 2. Normalverteilung von 23 menschlichen Verhaltensmodalitäten (Iberall und McCulloch, 1969)

Das Prinzip des Narzissmus

Aus biokybernetischer Sicht kann man das psychologische Konzept des Narzissmus als organismische Selbstreferenz der Selbstbeobachtung interpretieren. So gesehen ist Narzissmus ein Prinzip, welches das Wesen des Menschen grundlegend bestimmt. In der Studie „Das Prinzip des Narzissmus/Modell der polyontologischen Selbstreferenz“ (Mitterauer, 2003a) habe ich zu zeigen versucht, dass man die Theorie subjektiver Systeme Günthers mit dem Konzept des Narzissmus für den interdisziplinären Dialog fruchtbar machen kann.

Was mein Modell der Depression betrifft, so ist ganz entscheidend, dass die normale zirkuläre Organisation im Sinne eines konstruktiven Narzissmus in die Falle einer nicht machbaren Intentionalität gerät, sodass der depressive Mensch an seiner Hyperintentionlität zu zerbrechen droht. Darauf soll nun näher eingegangen werden.

Entstehungsbedingungen der Hyperintentionalität

Nach Bibring (1953) haben zur Depression neigende Menschen besonders hohe Ziele. Hyperintentionalität besteht jedoch erst dann, wenn diese hohen Ziele nicht machbar sind. Was sind nun die möglichen Entstehungsbedingungen der Hyperintentionalität?

a) Psychologische Entstehungsbedingungen:

Die Erziehung des Kindes ist auf hohe Ziele ausgerichtet, die zumindest teilweise nicht realisierbar sind. Diese Nichtrealisierbarkeit kann im Falle einer mangelhaften Begabung zur permanenten Überforderung führen, aber auch durch eine unpassende Lebens- und Umweltsituation bedingt sein. Es können aber beide Entstehungsbedingungen für die Hyperintentionalität verantwortlich sein.

b) Soziologische Entstehungsbedingungen:

Wenn beispielsweise in einer Gesellschaft Reichtum das höchste Ideal ist und jeder reich werden will, dann müssen rein aus ökonomischen Überlegungen viele Menschen auf der Strecke bleiben, was derzeit in China der Fall ist. Depressionen und Selbstmorde sind in dieser gesellschaftlichen Konstellation geradezu programmiert. Aber auch in den westlichen Gesellschaften hat man den Eindruck, dass viele Menschen zu viel wollen, was sich depressivogen auswirken kann.

c) Psychobiologische Entstehungsbedingungen:

Hier geht es um den Einfluss der Eltern noch vor der Geburt des Kindes. Zunächst kann bei der Programmierung intentionaler Programme des Kindes ein so genanntes Imprinting eine Rolle spielen. Darunter versteht man den genetischen Einfluss beider Eltern auf das Genom unmittelbar nach der Zeugung. Derartige epigenetischen Mechanismen sind zwar noch nicht ausreichend erforscht, dürften aber bei der frühen psychobiologischen Prägung des Embryo von besonderer Bedeutung sein. Ganz entscheidend ist jedoch der Einfluss der Mutter auf das Kind im pränatalen Zeitraum (Mitterauer und Pritz, 1981). Nicht selten haben Mütter während der Schwangerschaft bereits sehr hohe Erwartungen an das Kind, welche ihnen als zu hohe Ansprüche gar nicht bewusst sind. Die Eltern wundern sich dann, warum sie es in späteren Jahren mit einem Kind zu tun haben, das geradezu vom „Ehrgeiz zerfressen" ist, obwohl scheinbar an das Kind keine überzogenen Erwartungen gestellt werden.

d) Rein biologische Entstehungsbedingungen:

Kehren wir zum Modell der tripartiten Synapse zurück, so können folgende Störungen in der Informationsübertragung für die zur Depression führende Hyperintentionalität und die damit einhergehende Verhaltensveränderung verantwortlich sein:

Abbildung 4 zeigt das Modell einer unterbalanzierten tripartiten Synapse deren veränderter Mechanismus der Informationsübertragung die Depression auf der Verhaltensebene wesentlich verursachen könnte. Hier zeigt sich zunächst die Hyperintentionalität in einer Überproduktion glialer Rezeptoren (glR), sodass ein relativer Mangel an Neurotransmittern (NT) aus der Präsynapse vorhanden ist, was Unterbalanzierung bedeutet. Auf diese Weise ist die Produktion von Gliotransmittern (GT) im Astrozyten verzögert, sodass sich auch die Wirkung des negativen Feedbackmechanismus durch die Gliotransmitter an den präsynaptischen Rezeptoren (prR) protrahiert. Mit anderen Worten: Die Informationsübertragung in hyperintentionalen tripartiten Synapsen ist deutlich verlangsamt. Betrachtet man diese verzögerte und mangelhafte synaptische Informationsübertragung, so lassen sich damit typische Symptome der Depression wie Insuffizienzgefühle und Biorhythmusstörungen erklären.

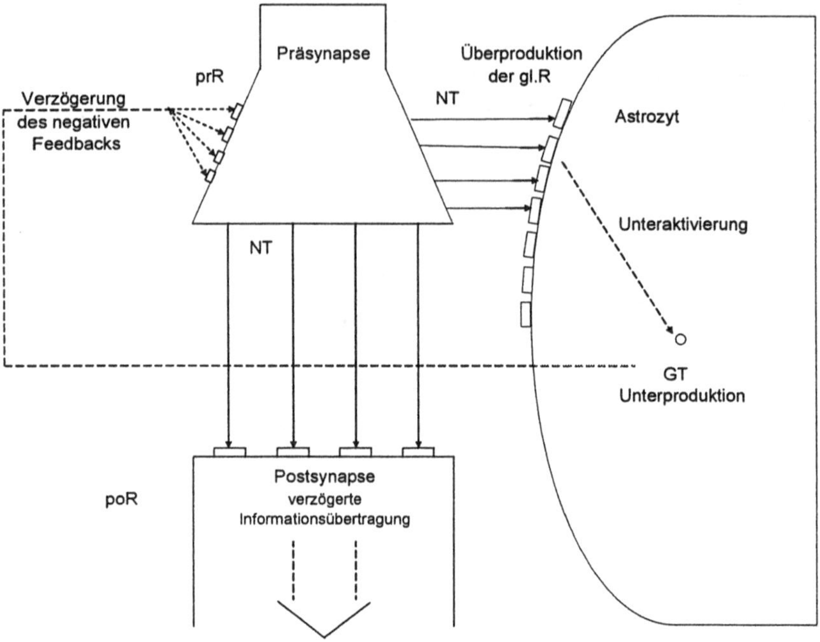

NT werden von der Präsynapse freigesetzt und besetzen die postsynaptischen Rezeptoren (poR). Gleichzeitig besetzen die NT die glR, indem sie die Produktion von Gliotransmittern (GT) aktivieren. GT werden dann vom Astrozyten in den synaptischen Spalt freigesetzt und besetzen sodann die präsynaptischen Rezeptoren (prR). Dadurch entsteht ein negativer Feedback-Mechanismus, welcher zu einer vorübergehenden Unterbrechung der synaptischen Informationsübertragung führt. Sodann kann diese wiederum beginnen.
Hier überwiegt die Anzahl der glialen Rezeptoren (glR) im Vergleich zur Anzahl der Neurotransmitter (NT). Die Produktion von Gliotransmittern (GT) ist daher herabgesetzt, so dass auch der Effekt des negativen Feedback-Mechanismus an den präsynaptischen Rezeptoren (prR) verzögert zum Tragen kommt. Somit ist die synaptische Informationsübertragung überhaupt verzögert.

Abbildung 4. Modell einer unterbalanzierten tripartiten Synapse, deren Informationsverzögerung für die Depression verantwortlich sein könnte.

Verschiebung der Verhaltensmodalitäten in der Depression

Aus der Perspektive der Verschiebung der Verhaltensmodalitäten kann man Depression wie folgt beschreiben: Ein Mensch leidet an einer Depression, wenn er

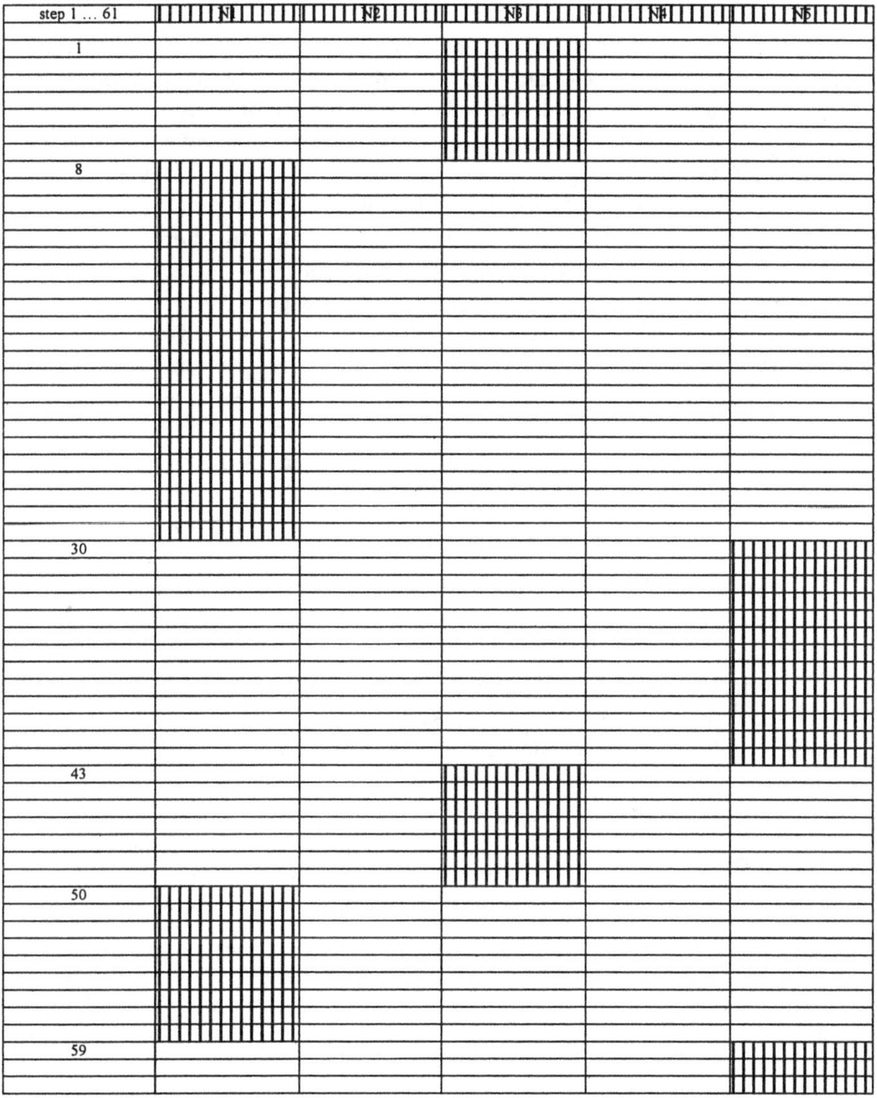

Abbildung 5. Simulation der Erzeugung von 5 Verhaltensmodalitäten im Hirnstamm (dunkle Felder) bei ungestörter synaptischer Informationsübertragung (Zinterhof, 2007; siehe Text)

oder sie in einem bestimmten Zeitraum unfähig ist, eine oder mehrere psychobiologische Verhaltensmodalitäten (Schlafen, Essen, Arbeiten etc.) zu produzieren und gleichzeitig gezwungen ist, eine oder mehrere Verhaltensmodalitäten ständig auszuführen. Hier handelt es sich sowohl um ein depressives Tunmüssen als auch um ein depressives Nichtkönnen. Da sich der Depressive seine existentielle Verhaltensveränderung selbst nicht erklären kann, leidet er (sie) unter einem Verlust des Selbstverständnisses. Dass diese Verhaltensveränderungen in der Depression eine grundlegende Bedeutung haben und regelmäßig auftreten, konnten wir empirisch nachweisen (Rothuber et al, 2007).

Wie aber könnte diese Verschiebung der Verhaltenspalette im Gehirn zustande kommen? Prinzipiell ist davon auszugehen, dass die integrativen Systeme im Hirnstamm ihre auf einer abduktiven Logik basierenden Entscheidungen rasch durchführen müssen, damit die Selbstsicherung des Gesamtsystems Mensch nicht durch Entscheidungsverzögerungen in Gefahr gerät. In der Depression tritt jedoch eine Entscheidungsverzögerung auf. Was den möglichen Entstehungsmechanismus dieser Entscheidungsverzögerung betrifft, so haben wir (P. Zinterhof) eine Computersimulation durchgeführt, deren Ergebnisse nun zusammenfassend dargestellt werden.

In unserem Standardmodell der Umsetzung des Prinzips der redundancy of potential command arbeiten sämtliche Teilsysteme (Neuronen, Synapsen, Rezeptoren) im Gleichtakt. Dadurch soll gewährleistet werden, dass eingehende synaptische Informationen aus den Wahrnehmungssystemen durch das Netzwerk im Hirnstamm korrekt verarbeitet werden. Abbildung 5 stellt einige Schritte der Simulation dar, bei der insgesamt fünf Verhaltensmodalitäten durch das System ausgewählt werden (die dunklen Felder repräsentieren die Aktivierung einer Verhaltensmodalität für den jeweiligen Zeitschritt). Kommt es nun zu einer zeitlichen Verzögerung der Informationsverarbeitung entsprechend dem vorgeschlagenen Modell einer depressivogenen tripartiten Synapse (Abbildung 4) in den Wahrnehmungssystemen, so wird das Prinzip der redundancy of potential command (Korrektheit der Verarbeitung) zwar nicht verletzt, jedoch modifiziert.

Das Update des neuronalen Netzes im Hirnstamm erfolgt dabei mit höherer Frequenz als jenes in den Synapsen der Wahrnehmungssysteme. Je nach Dauer der Zwischenphasen, in denen die Synapsen keine Information weiterleiten, resultiert auch eine Änderung des Gesamtsystems.

Abbildung 6 stellt das Systemverhalten bei einem Verhältnis 1 zu 2 von neuronalen Updates in den Netzwerken des Hirnstamms zu den synaptischen Updates der Wahrnehmungssysteme dar. Gegenüber Abbildung 5 fällt hier die längere Verweildauer und geringere Wechselhäufigkeit in den einzelnen Phasen auf.

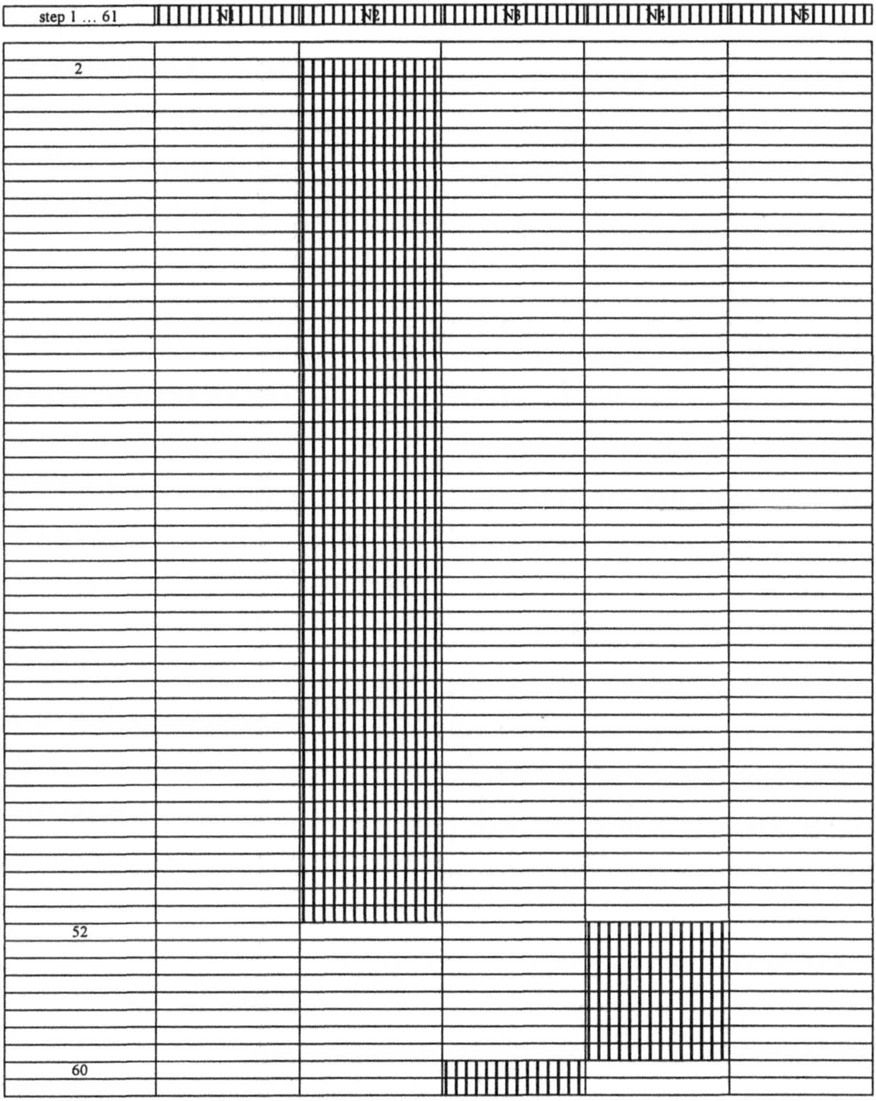

Abbildung 6. Simulation der eingeschränkten Erzeugung von Verhaltensmodalitäten (dunkle Felder) bei leicht verzögerter synaptischer Informationsübertragung (Zinterhof, 2007; siehe Text)

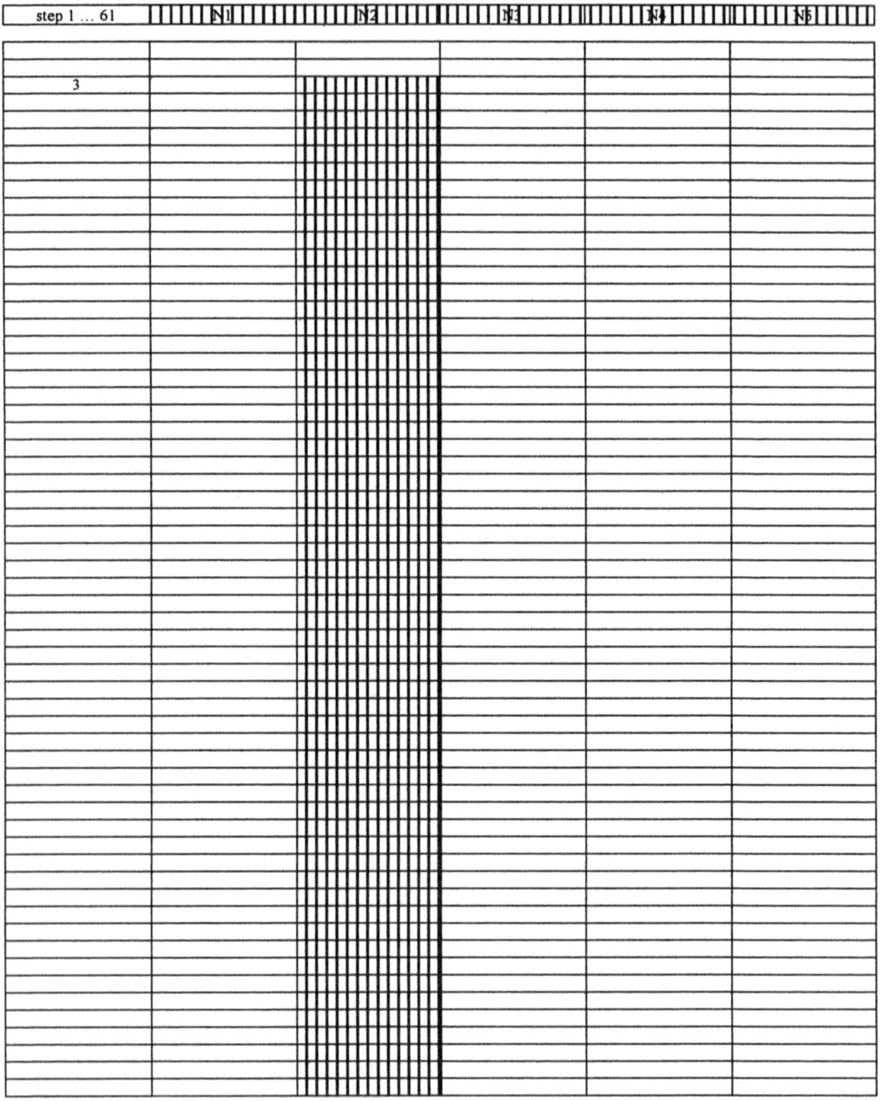

Abbildung 7. Simulation der eingeschränkten Erzeugung von Verhaltensmodalitäten (nur eine Modalität) bei stark verzögerter synaptischer Informationsübertragung (Zinterhof, 2007, siehe Text)

In Abbildung 7 wird die Verzögerung der synaptischen Informationsverarbeitung noch erhöht. Das Gesamtsystem braucht nun länger (drei Zeittakte), um überhaupt eine der fünf Modalitäten zu schalten und wechselt für den gesamten Simulationszeitraum von 61 Schritten kein einziges Mal in eine weitere Modalität.

Abhängig vom Ausprägungsgrad der synaptischen Hyperintentionlität (Überschuss an glialen Rezeptoren) und den befallenen Hirnregionen zeigt sich eine entsprechende Phänomenologie der Depression. Sind beispielsweise bestimmte Gebiete des Stirnhirns (präfrontaler Cortex) besonders betroffen, dann sind die kognitiven Leistungen (Denken, Konzentration, etc.) erheblich beeinträchtigt. Dasselbe gilt für die Hirnregionen, welche für die Emotionalität verantwortlich sind. Vor allem aber kann das synaptische Modell die typische Entscheidungsschwäche depressiver Menschen erklären.

Was die Verschiebung der Verhaltenspalette psychobiologischer Modalitäten betrifft, so resultiert das für die Depression anscheinend typische Kernsymptom des „Nichtkönnens" eigentlich aus dem zwangsartigen Festhalten an einer Verhaltensmodalität im Sinne eines nicht realitätsbezogenen ständigen „Tunmüssens", sodass die rasche umweltbezogene Entscheidungsfähigkeit und Handlungsökonomie beeinträchtigt sind oder gar – zumindest vorübergehend – verloren gehen.

Verlust des Selbstverständnisses

Nun schließt sich die Dynamik des biokybernetischen Zyklus der Depression (Abbildung 2). Wir sind davon ausgegangen, dass die narzisstische Hyperintentionalität an der Nichtmachbarkeit ihrer intentionalen Programme scheitert. Dabei ist die Hyperintentionalität janusgesichtig: Einerseits können die intentionalen Programme nicht gut genug sein, was einer Selbstüberschätzung gleichkommt, andererseits können perfekte intentionale Programme auf eine unpassende Umwelt treffen. In beiden Fällen bedeutet Hyperintentionalität Nichtmachbarkeit der intentionalen Programme. Ein derartiger Mensch befindet sich daher in einem Dauerstress. Ausgelöst durch diese Stressbelastung kann es zu den beschriebenen hyperintentionalen Veränderungen in den Synapsen des Gehirns kommen, womit gleichzeitig eine belastende Störung der üblichen psychobiologischen Verhaltensmodalitäten einhergeht. Diese Dynamik führt zum Verlust des Selbstverständnisses und schließlich zur Depression.

Der Verlust des Selbstverständnisses verstärkt die Hyperintentionalität auf negative Weise, da der Depressive keine Bewältigungsstrategien zur „Reduktion" seiner hyperintentionalen Programme zur Verfügung hat, sondern ihnen ambivalent gleichsam ausgeliefert ist. Dabei sind ihm (ihr) das Ausmaß und die eigentliche Rolle der hyperintentionalen Programme gar nicht ausreichend bewusst. Auf diese Weise befindet sich der Depressive in einem Teufelskreis. Dass der Verlust des Selbstverständnisses neben der Verschiebung der Verhaltensmodalitäten bei der Depression eine wesentliche Rolle spielt, konnten wir in empirischen Studien nachweisen (Rothuber et al, 2007).

Schlussfolgerungen

Das biokybernetische Modell der Depression eröffnet neue Perspektiven, was die Erforschung und Therapie der Depression betrifft. So wird ein neuer pathogener Mechanismus in tripartiten Synapsen beschrieben, der sich empirisch untersuchen lässt. Anders verhält es sich allerdings mit experimentellen Untersuchungen der verhaltensproduzierenden Netzwerke im Hirnstamm. Hier dürften die experimentiellen Methoden an ihre Grenzen stoßen. Schärfer noch ! wenn man heutzutage die Depression bei Tieren experimentiell untersucht, dann fehlt vor allem ein Depressionsmodell, welches die Verhaltensveränderungen des Tieres erklären kann. Geht man jedoch von unserem Depressionsmodell aus, so ist es für den Beobachter unmöglich, verlässlich festzustellen, in welcher Verhaltensmodalität sich das scheinbar depressive Tier gerade befindet. Legt man unser Depressionsmodell zugrunde, dann werden Tiere in der Depressionsforschung sinnlos geschunden. Aussichtsreicher wäre es, wenn man eines Tages Robotergehirne mit einem subjektiven Verhalten zur Verfügung hätte (Mitterauer, 2006a). Dann könnte man nämlich die beschriebenen pathogenen Mechanismen technisch realisieren und eine verlässliche Verhaltensbeobachtung durchführen.

Das vorgelegte architektonische Modell der Depression dürfte aber auch erhebliche Konsequenzen haben, was das Selbstverständnis und die Behandlung depressiver Menschen betrifft. Wenn es gelingt, einen Depressiven über seine psychobiologische Hyperintentionalität aufzuklären, dann ist auch eine rein psychologische Behandlung möglich (Mitterauer, 2007b). Dabei geht es im Wesentlichen darum, dass nicht machbare intentionale Programme verworfen werden und neue Programme, die machbar sind, entwickelt werden müssen. Dieses Modell kann aber auch neue Argumente für ein besseres Verständnis des Verhaltens depressiver Mitmenschen ins Spiel bringen, was für betroffene Familien entlastend sein dürfte.

Das nicht machbare Evolutionsgebot in der Depression

Auf der phänomenologischen Ebene leidet der (die) Depressive unter einer Zukunftslosigkeit. Legt man aber die drei „von Gott gegebenen" Zeiten zugrunde, dann eröffnet sich ein tieferes Verständnis des subjektiven Zeiterlebens in der Depression. Den im Gehirn des (der) Depressiven herrschenden Drang nach Verwirklichung zu vieler intentionaler Programme kann man zeittheoretisch als Evolutionsgebot interpretieren. Ich bin ja davon ausgegangen, dass Evolution des Menschen in erster Linie im technischen Bereich erfolgen kann.

Wie das unterbalanzierte synaptische Modell der Depression geradezu demonstriert, haben die glialen Rezeptoren zu wenig Material für ihre Besetzung zur Verfügung. Dadurch ist das architektonische Prinzip der Machbarkeit verletzt, da das passende Material fehlt bzw. nicht ausreichend vorhanden ist. Der Drang oder – metaphysisch ausgedrückt – das Gebot zur Machbarkeit ist jedoch permanent vorhanden. Das Gehirn kann aber keinen neuen technischen Raum erzeugen, sondern ist ohnmächtig seinen nicht machbaren intentionalen Programmen ausgeliefert. Diese depressive Ohnmacht ist eigentlich eine Pseudoimpotenz, weil die intentionalen Programme an sich gut funktionieren würden.

In anderen Worten: Im depressiven Zustand ist das Gehirn des Menschen von evolutionären (variablen produzierenden) Handlungsthemen beherrscht, es mangelt aber gleichzeitig an einer ontogenetischen, Werte garantierenden Kognitionsthematik. Das variablenreiche Gehirn der (des) Depressiven könnte unendlich viel, fehlten nicht die zur Verwirklichung notwendigen Erkenntniswerte, was systemtheoretisch Unterbalanzierung bedeutet. In diesem Zusammenhang ist unschwer einzusehen, dass der schöpferische Mensch von Zeit zu Zeit derart von evolutionärer Handlungsthematik überwältigt ist, sodass die kognitiven Mittel – zumindest vorübergehend – fehlen. Von Foerster (1974) hat die Proposition aufgestellt, dass wir die Gesetze des Gehirns nicht beschreiben können, sondern dass sie sich selbst beschreiben. Was das Verständnis der Depression betrifft, so könnte diese Proposition bei einer depressiven Patientin zutreffen, die verzweifelt ausgerufen hat: „Ich könnt's eh, wenn ich könnt."

Depression und Suizid

Es ist eine klinische Erfahrung, dass depressive Patienten Selbstmordgedanken haben, Suizidversuche verüben oder gar Suizid begehen. Für die Abschätzung der Selbsttötungsgefahr ist entscheidend, ob es Kriterien gibt, auf deren Grundlage man Depressive, die zwar lebensüberdrüssig sind, von jenen unterscheiden kann, die über die Fähigkeit zur Selbsttötung verfügen. Es gibt zwar zahlreiche

Methoden zur Abschätzung der Selbstmordgefahr (Mitterauer, 2003b), die Architektonik der Psychopathologie bietet jedoch eine grundlegende Methode an, wenn man eine Typologie der Depression im Sinne einer Akzeptanzdepression und einer Verwerfungsdepression einführt.

Die formalen Gesetze von Akzeptanz und Verwerfung wurden bereits in „Technik in gottgegebenen Zeiten“ abgehandelt. Nicht nur theoretisch, sondern auch in repräsentativen klinischen Untersuchungen können wir zeigen, dass das menschliche Verhalten von den zwei typischen Handlungsstilen der Akzeptanz und Verwerfung getragen ist. Akzeptanz heißt, dass die Umweltsituation angenommen wird, weil sie der geltenden subjektiven Intention entspricht, Verwerfung bedeutet hingegen, dass die Umweltsituation nicht der subjektiven Intention entspricht und diese daher verworfen wird.

In der Akzeptanzdepression erträgt der Patient sein Leiden, weil er unfähig ist, diesen Zustand durch Selbstverwerfung zu beenden. In der Verwerfungsdepression ist das Gegenteil der Fall. Der (die) Depressive kommt irgendwann an einen Punkt, an dem die Depression derart unerträglich wird, sodass er (sie) nicht mehr anders kann, als sich selbst zu verwerfen, was Selbsttötung bedeutet. Zur Analyse, ob es sich um eine Akzeptanz- oder Verwerfungsdepression bei einem Patienten handeln könnte, haben wir einen eigenen Fragebogen entwickelt (Mitterauer, 2007b).

Auch in der zwischenmenschlichen Begegnung zeigen Patienten mit einer Akzeptanzdepression oder einer Verwerfungsdepression ein diametrales Verhalten. Der typische Selbstmordversucher hält bestimmte Beziehungen zu seinen Mitmenschen ganz entschieden aufrecht, da er diese, gleich den depressiven Qualen, akzeptieren muss. Der Selbstmordversuch ist daher ein auf Kommunikation ausgerichteter Hilferuf, ein „ecce homo“. Der typische Selbstmörder bricht hingegen unmittelbar vor der Selbsttötung die wirklichen zwischenmenschlichen Beziehungen ab, indem er in Scheinbegegnung von seinem Vorhaben ablenkt. Die Kommunikationspathologie des Selbstmordversuchers nenne ich daher Zuwendungsverhalten, jene des Selbstmörders Abwendungsverhalten (Mitterauer 1981).

Was den Selbstmord betrifft, so ist das architektonische Prinzip der Machbarkeit existentiell gestört. Der zur Selbsttötung entschlossene depressive Mensch ist zur absoluten Überzeugung gelangt, dass sein Evolutionsgebot in der Zeitspanne der Ontogenese nicht machbar ist. Er muss daher einen radikalen Ortswechsel vornehmen, indem er sich selbst verwirft. Die Erlösung liegt nun in der existentiellen Permanenz. Wir haben in zahlreichen Abschiedsbriefen immer wieder gelesen: „auf Wiedersehen im Paradies“ oder „jetzt bin ich auf ewig erlöst“. Zum Zeitpunkt der Selbsttötung wird daher die Ontogenese verworfen und das Evolutionsgebot durch reine Permanenz gleichsam ersetzt. Dabei kommt das Ewige, abhängig von der Weltanschauung, als Paradies oder als dauerhafte Selbstverwerfung ohne weitere Existenz mehr oder weniger bewusst zum Tragen.

Schwermut

Ich möchte einige Argumente vorbringen, dass wir Melancholie synonym mit natürlicher Schwermut verstehen und nicht mit krankhafter Depression gleichsetzen sollten. Zur eingehenderen Begründung dieses Ansatzes ist zunächst ein Überblick über die historische Entwicklung des Konzeptes der Melancholie erforderlich.

Historische Entwicklung der Melancholie

Das Wort Melancholie (melancholia) bedeutet im Griechischen „schwarze Galle“. Die Melancholie war nach Hippokrates von Kos (um 400 v. Chr.) eines der vier Temperamente. Obwohl Melancholie ursprünglich einen seelischen Zustand von Schwermut oder Traurigkeit ohne einen bestimmten Anlass bedeutete, hatte es im Altertum bis herauf ins Mittelalter durchweg eine negative Konnotation. Das einzige antike Fragment (dem Aristoteles bzw. Theophrast zugeordnet), das die Melancholie positiv und als eine besondere Fähigkeit beschreibt, sieht in der Melancholie die Voraussetzung für den göttlichen Wahn (mania). So glaubt Aristoteles zu erkennen, dass alle hervorragenden Männer, ob Philosophen, Staatsmänner, Dichter und Künstler, Melancholiker gewesen sind.

Im Mittelalter wurde die Melancholie als Mönchskrankheit (acedia) gesehen und zum häufigen Thema der theologischen Literatur. Sie galt sogar als eine der sieben Todsünden. Im mittelalterlichen Protestantismus hat man aber dann die Melancholie nicht mehr in erster Linie als eine zu vermeidende Sünde, sondern als Versuchung des Teufels im Sinne einer zerstörerischen Kraft gesehen. Durch Gebete und verschiedene fromme Aktivitäten konnten die Gläubigen den melancholischen Einfluss des Teufels abwehren und überwinden. Dabei ist von Interesse, dass Luther selbst häufig von „melancholischen Phasen“ heimgesucht wurde, welche meines Erachtens nicht krankhafte Depressionen, sondern Schwermutszustände waren. Luther war daher fähig, wie viele vergleichbare große Menschen, sich aktiv und kreativ in zahlreichen Trostschriften mit der Melancholie auseinanderzusetzen (Steiger, 1996).

In der spätmittelalterlichen Dichtung hat die Melancholie einen Bedeutungswandel erfahren. Sie hat die Bedeutung eines vorübergehenden Gemütszustandes angenommen, eines von allen pathologischen und physiologischen Bedingungen unabhängiges Schwermutsgefühl. Klibansky et al. (1992) geben eine hervorragende Darstellung, wie sich diese „poetische Melancholie“ weiter zu einer „melancholia generosa“ entwickelt hat. Im Florentiner Neuplatonismus (Marsilio Ficinus) wird die Melancholie zum ersten Mal als positive Kraft gewertet. So wird Melancholie vor allem als natürliche Voraussetzung für die Genialität eines Menschen betrachtet, worauf eigentlich schon Aristoteles hingewiesen hat. Aber nicht nur in der Dichtung, auch in der Wissenschaft wird in der Melancholie eine konstruktive Kraft erkannt, und sogar als conditio sine qua non für Entdeckung und Genialität gesehen. Diesen nicht-krankhaften Aspekt der Melancholie möchte ich ganz einfach Schwermut nennen.

Die schöpferische Schwermut hat auch in den folgenden Jahrhunderten das Schaffen großer Wissenschaftler, Dichter und Künstler bestimmt. So fasst Goethe die tragende Rolle der Schwermut in seiner Dichtung in folgende Verse:

> Zart Gedicht, wie Regenbogen
> wird nur auf dunklen Grund gezogen;
> darum behagt dem Dichtergenie
> das Element der Melancholie

Ehe ich die Melancholie als natürliche Schwermut zu beschreiben und anhand der Dichtung zu diskutieren versuche, sei auf die zeitgenössische Anwendung der Melancholie als Krankheitskonzept in der Psychologie und vor allem in der Psychiatrie näher eingegangen. Zumindest die analytisch orientierte Psychologie ist von der Freud'schen Konzeption der Melancholie geprägt. Freud (1917) grenzt zunächst völlig berechtigt die Melancholie von der Trauer ab. Während die Trauer durch positive Trauerarbeit behoben werden kann, ist die Melancholie durch Trauerarbeit nicht beeinflussbar. Nach Freud ist die Melancholie seelisch ausgezeichnet durch eine tief schmerzliche Verstimmung, eine Aufhebung des Interesses für die Außenwelt, durch den Verlust der Liebesfähigkeit, durch die Hemmung jeder Leistung und die Herabsetzung des Selbstgefühls, die sich in Selbstvorwürfen und Selbstbeschimpfungen äußert und bis zur wahnhaften Erwartung der Strafe steigert. Freud weist aufgrund dieser massiven Selbstdestruktion des Melancholikers auch auf die Suizidgefährdung hin. Aber nicht nur durch den Einfluss Freuds, sondern auch durch die Psychiatrie ist in der modernen Psychologie der Begriff der Melancholie weitgehend durch den Begriff der Depression ersetzt worden.

Schärfer noch! In den heutigen Diagnoseschemata der Psychiatrie wird die schwere depressive Episode ohne psychotische Symptome synonym mit Melancholie klassifiziert (Dilling et al., 1993). Diese Entwicklung halte ich für ein eklatantes Missverständnis der Vielfalt menschlicher Existenz, wobei die „süße Schwermut“ schöpferischer Menschen in die Bitterkeit des schwer Krankhaften hineingezwungen wird. Den letzten großen Versuch in der Psychiatrie, die Eigenständigkeit der Melancholie aufzuzeigen und von der Depression abzugrenzen, hat Tellenbach unternommen. Tellenbach (1974) beschreibt in seinem Buch „Melancholie" einen „Typus melancholicus", inhaltlich und sprachlich stark an Heidegger orientiert. Leider ist dieses Werk ein aus meiner Sicht fataler Versuch, mit philosophischen, psychologischen und klinischen Argumenten, die Depression mit der Melancholie gleichsam zu begründen. In den wenigen Passagen, in denen sich Tellenbach explizit zur Schwermut äußert, bezieht er sich zwar auf Szilasi (1946), der in der Schwermut durchaus eine kulturhistorische Eigenständigkeit erkennt, spricht aber dennoch – sogar unter Hinweis auf Aristoteles – von einer „Inklination zur Krankheit Melancholie".

Melancholie als Schwermut

In Abgrenzung von der Depression möchte ich nun versuchen, die Eigenständigkeit der Schwermut darzustellen und Beispiele der Dichtung anzuführen bzw. zu diskutieren. Der zur Schwermut neigende Mensch hat ein tiefes Existenzempfinden. Von Zeit zu Zeit fühlt er sich niedergedrückt, von seinem „Geworfensein ins Da" (Heidegger), ausgeliefert einem Fatum, wogegen er sich scheinbar nicht wehren kann. Er will sich aber wehren, getrieben von der Sehnsucht nach dem Bleibenden, dem Schönen und der Überwindung des Todes.

Im Gegensatz zur Depression holt sich der schwermütige Mensch aus seinem tiefen, metaphysischen Wirklichkeitsempfinden immer wieder die Kraft im Reigen des Kosmos mitzutanzen und durch seine Werke Bleibendes zu schaffen. So gesehen mag Aristoteles Recht haben, dass alle großen Männer melancholisch sind. Ob der Umkehrschluss zulässig ist, muss allerdings offen bleiben. Jedenfalls ist das kreative Potential, das die Schwermut in sich trägt, Grund genug, dass die Psychiatrie streng zwischen natürlich-kreativer Schwermut und krankhafter Depression unterscheidet. Man sollte daher den Begriff der Melancholie mit Schwermut synonym gebrauchen und nicht als Krankheit verkennen (Mitterauer, 2007c).

Dieser meiner Auffassung und persönlichem Erleben von Schwermut entspricht auch jene von Heinrich von Gent (1518). Beim Melancholiker ist es seine innere strukturale Wesensgesetzlichkeit selbst, die diesen Typus in Schranken weist, die er nicht transzendieren kann. Dass er das nicht vermag, kann ihm zur Melancholie gereichen, denn seine Begabung treibt ihn fortwährend empor und zum Überschwingen, indessen ihm dies doch seine Grenzen verwehren. Und so muss in ihm ein Gefühl quälenden Ungenügens wachsen, das ihn lähmt und schließlich in Schwermut zu Boden sinken lässt; denn das Denken der Ordnung allein lässt ihn noch nicht zum Absoluten, zur Schau der Platonischen Ideen vordringen. Was Heinrich von Gent jedoch nicht sieht, ist, dass gerade aus dieser schwermütigen Konstellation die Kraft entspringen kann, das Erleben existentieller Begrenztheit durch kreative Produkte wie Kunst, aber auch Technik zu bereichern. Tellenbach hat aber leider aus dieser Beschreibung der Schwermut von Gents ein depressives Nichtkönnen abgeleitet und seinem Typus melancholicus zugrunde gelegt.

Schwermut in der Dichtung

Was wir unter Melancholie als Schwermut verstehen sollten, sei an der Dichtung beispielhaft gezeigt. Lenau, der Dichter der Schwermut, hat in seinem Gedicht „Waldlied" die Stimmung der Schwermut in einfache Verse gefasst:

Der Nachtwind hat in den Bäumen
sein Rauschen eingestellt,
die Vögel sitzen und träumen
am Aste getraut gesellt.

Die ferne schmächtige Quelle,
weil alles andre ruht,
läßt hörbar nun Welle auf Welle
hinflüstern ihre Flut.

Und wenn die Nähe verklungen,
dann kommen an die Reih
die leisen Erinnerungen
und weinen fern vorbei.

Daß alles vorübersterbe,
ist alt und allbekannt;
doch diese Wehmut, die herbe,
hat niemand noch gebannt.

Man könnte nun zahlreiche andere Dichter anführen, deren Schaffen nicht von krankhafter Depression, sondern von Schwermut geprägt ist. Für den Psychiater liegt aber die eigentliche diagnostische Herausforderung darin, ob und wie man bei einem Patienten mit wiederkehrenden depressiven Episoden seine psychopathologische Symptomatik von jener der nicht pathologischen Schwermut unterscheiden kann.

Die Schwermut Georg Trakls

Ich möchte nun versuchen, diese diagnostische Herausforderung am Beispiel von Georg Trakl, dem großen Dichter meiner Heimatstadt Salzburg, aufzunehmen. Seine Biographie lässt sich im Wesentlichen wie folgt skizzieren (Mahrholdt, 1959).

Georg Trakl ist am 3. Februar 1887 in Salzburg geboren. Er war das fünfte von insgesamt sieben Kindern eines wohlhabenden Eisenhändlers. Die Mutter führte das Leben einer normalen Bürgersfrau. Eine Gouvernante war den Kindern Muttersatz und hatte durch das Vorlesen französischer Literatur auch Einfluss auf Trakls spätere Lyrik. Vor allem aber hat sich eine enge Beziehung zu seiner jüngeren Schwester Margarete entwickelt, in der er sein Abbild sah und die auch in seiner späteren Dichtung eine bedeutende Rolle spielte.

Trakl besuchte von 1897 bis 1905 das Humanistische Gymnasium in Salzburg und galt als schlechter Schüler. Da er 1905 erneut das Klassenziel nicht erreichte, verließ er das Gymnasium ohne Matura. Zu dieser Zeit begann er zu schreiben und schloss sich einem Dichterzirkel an. Auch die ersten Erfahrungen mit Drogen fallen in diese Zeit. Im September 1905 begann er ein dreijähriges Praktikum in einer Salzburger Apotheke. Die Aufführung seiner ersten Theaterstücke (1906) war nicht sehr erfolgreich, sodass er diese vernichtete und in eine schwere Schaffenskrise fiel. Ab 1908 ging es wieder aufwärts. Trakl konnte das erste Gedicht in einer Zeitschrift veröffentlichen, schloss das Apothekerpraktikum ab und begann in Wien Pharmazie zu studieren.

Der Tod des Vaters 1910 brachte die Familie in finanzielle Schwierigkeiten. Trakl konnte jedoch noch in Pharmazie promovieren. Er trat freiwillig in den Militärdienst ein und war in Wien als Sanitäter tätig. Zu dieser Zeit kam es vermehrt zu einem Drogenmissbrauch und zu wiederkehrenden depressiven Stimmungslagen. Trotzdem gelang ihm gleichzeitig der dichterische Durchbruch. Er dichtete aus diesen Krisen heraus eine reife, schwermütige Lyrik, in der er sein Dichtergenie entfalten konnte. Als Apotheker wieder Fuß zu fassen, gelang ihm nicht wirklich, sodass er nach Innsbruck zog, wo er seinen großen Förderer Ludwig von Ficker – Herausgeber der renommierten Zeitschrift Brenner – kennen lernte und mit wichtigen Personen der österreichischen Literatur- und Kulturszene bekannt wurde. Von da an wurden Trakls Gedichte regelmäßig im Brenner veröffentlicht. Trotz dieser scheinbar guten Lebenssituation litt Trakl wieder zunehmend unter Angst und Depressionen, die er mit Alkohol und Drogen gleichsam selbst behandelte.

Die Zeit zwischen 1912 und 1914 war einerseits von der Suche nach einer beruflichen Stelle, andererseits von Rastlosigkeit und Sorge um seine erkrankte Lieblingsschwester bestimmt. Trotz seiner literarischen Erfolge spricht Trakl selbst von einer „Kette von Krankheit und Verzweiflung“. Im August 1914 brach der Erste Weltkrieg aus. Trakl rückte als Medikamentenakzessist nach Galizien ein. Nach der Schlacht bei Grodek musste er allein 90 Schwerverwundete betreuen, ohne helfen zu können. In dieser extremen Belastungssituation und Verzweiflung wollte er sich erschießen, was Kameraden jedoch verhindern konnten. Er beruhigte sich wieder und versah weiter seinen Dienst. Einige Wochen später wurde er zu seinem Schrecken zur Beobachtung seines geistigen Zustandes auf die Psychiatrische Abteilung des Garnisonspitals in Krakau eingewiesen. Dort starb er 27-jährig vermutlich an einer Überdosis von „Gift“, welche er am Vorabend eingenommen haben dürfte. Ob es sich dabei um einen Selbstmord gehandelt hat, muss offen bleiben. 1925 wurden die Gebeine des Dichters nach Tirol überführt und auf dem Friedhof in Mühlau bei Innsbruck bestattet.

Es gibt zahlreiche Studien, die davon ausgehen, dass Trakl unter Depressionen (nach psychiatrischer Definition) gelitten hat und suchtkrank war. Dabei wird auch die Beziehung von Depression und Dichtung zu interpretieren versucht (Mentzos & Münch 2002). Wenngleich es schwierig ist, eine operationalisierte Diagnostik für eine Pathographie verlässlich durchzuführen (Spitzer et al., 2006), da man auf diverse subjektive Verhaltensbeschreibungen und -beobachtungen angewiesen ist, so sprechen zunächst die wiederkehrenden Angst- und Verzweiflungszustände bis hin zur Suizidalität für depressive Episoden, denen eine biologische Eigengesetzlichkeit zugrundeliegen könnte. Man kann dann den – zumindest zeitweise – massiven Alkohol- und Drogenmissbrauch als Selbstbetäubung oder auch Selbstbehandlungs- und Linderungsversuch interpretieren. Während an der Suchterkrankung kein Zweifel bestehen kann, muss hingegen offen bleiben, ob bei Trakl wirklich depressive Episoden nach psychiatrischen Kriterien aufgetreten sind. Dasselbe gilt für die Frage, ob Trakl tatsächlich Selbstmord begangen hat.

Trakl hat uns aber seine Dichtung zurückgelassen. Diese ist eindeutig von seiner Schwermut getragen. „Immer klingt aus der Pracht des Geschilderten, aus seinen Frühlingen eine Melancholie mit in seinen Worten“ (Mahrholdt 1959). Heidegger (1959) hat in „einer Erörterung von Georg Trakls Gedicht“ die Schwermut des Dichters tief erkannt und philosophisch gedeutet. „Die Schwermut der Seele erglüht nur dort, wo die Seele auf ihrer Wanderung in die weiteste Weite ihres eigenen, das heißt ihres wandernden Wesens eingeht. ... Das Gestörte, Vehemente, Unheile und Heillose, alles Leidvolle des Verfallenden ist in Wahrheit nur der einzige Anschein, in dem sich das Wahrliche verbirgt: der alles durchwährende Schmerz.“ Die philosophische Analyse Heideggers der Trakl'schen Gedichte entdeckt den metaphysischen Hintergrund der Schwermut, aus der die Kraft einzigartiger Verse kommt, in den verschiedensten Facetten. Selbst, wenn Trakl in seiner Dichtung vom „Wahnsinnigen“ spricht, so warnt

Heidegger davor, dass hier ein Geisteskranker gemeint ist. Trakl stellt sich in seiner Dichtung als der „Abgeschiedene“ dar. „Der Abgeschiedene ist der Wahnsinnige, weil er anderswohin unterwegs ist. Von dort her darf sein Wahnsinn ein ‚sanfter‘ heißen, denn er sinnt Stillerem nach.“ (Heidegger, 1959)

Ein weiterer Aspekt Trakl'scher Schwermut zeigt sich in seiner wahrscheinlich inzestuösen Beziehung zu seiner Lieblingsschwester, die er in seinen Gedichten bisweilen „Mönchin“ nennt. Bei Trakl ist die vereinende Begegnung mit der Schwester ein verzweifelter Versuch, die Schwermut seiner Abgeschiedenheit wenigstens in der schmerzlichen Vergänglichkeit dieser Begegnung tatsächlich zu erfühlen. Das hat nichts mit Depression zu tun.

Trakl ist eigentlich der Dichter des existenziellen Aufschreies des Menschen. Seine Schwermut ist es, die ihn befähigt hat, dem todgeweihten Menschen die unergründbaren Grenzen seiner Existenz in dichterischer Sprache vor Augen zu führen. Obwohl viele seiner Gedichte von Schmerz, Verzweiflung und gar von Wahnsinn sprechen, strebt das schwermütige Grundelement von Trakl nach Einklang und Vollendung. Gerade die im Zeitraum irdischer Existenz nicht erreichbare Vollendung ist die eigentliche schöpferische Triebkraft der Schwermut, welche Trakl im folgenden Gedicht „Einklang“ in Verse fasst:

Sehr helle Töne in den dünnen Lüften,
Sie singen dieses Tages fernes Trauern,
Der ganz erfüllt von ungeahnten Düften
uns träumen macht nach niegefühlten Schauern.

Wie Andacht nach verlorenen Gefährten
Und leiser Nachhall nachtversunkner Wonnen,
Das Laub fällt in den längst verlaßnen Gärten,
Die sich in Paradiesesschweigen sonnen.

Im hellen Spiegel der geklärten Fluten
Sehn wir die tote Zeit sich fremd beleben
Und unsre Leidenschaften im Verbluten,
Zu ferner'n Himmeln unsre Seelen heben.

Wir gehen durch die Tode neugestaltet
Zu tiefern Foltern ein und tiefern Wonnen,
Darin die unbekannte Gottheit waltet –
Und uns vollenden ewig neue Sonnen.

Nehmen wir nun an, Trakl wäre ein Zeitgenosse, der diagnostisch eindeutig unter depressiven Episoden leidet und sich mit Alkohol und Drogen gleichsam selbst behandelt. Er lässt sich überreden, sich in psychiatrische Behandlung zu begeben. Eine einschlägige Medikation führt zu einer Stimmungsstabilisierung und auch das Suchtverhalten kann zumindest eingegrenzt werden. Wie aber würde es dann um sein kreatives Potential bestellt sein? Wie würde sich die Medikation auf die persönlichkeitstypische Schwermut auswirken, die ja scheinbar paradox die Dichtung beflügelt? Würden seine Verse vielleicht nicht mehr von der bisherigen Genialität geprägt sein? Aus der Biographie wissen wir jedenfalls, dass Trakl in Zeiten einer vermuteten Depression dichterisch trotzdem produktiv war. Ein depressives „Nichtkönnen“ war zumindest im Bereich der Dichtung nicht vorhanden.

Was ich am Beispiel Trakls zu zeigen versuchte, ist einerseits die Abgrenzung der Depression von der Schwermut im Sinne eines kulturellen und humanistischen Melancholiebegriffs. Andererseits möchte ich auf die große Verantwortung der Psychiatrie hinweisen, wenn es um die biologische Behandlung kulturtragender Patienten geht, die zwar die diagnostischen Kriterien der Depression erfüllen, gleichzeitig aber schwermütig sind, so wie ich Schwermut beschrieben habe.

Architektonisches Modell der Manie

Die Kernsymptome der Manie sind eine gehobene Stimmungslage, Ablenkbarkeit, Ideenflucht, Größenideen und Schlaflosigkeit (American Psychiatric Association 1998). Das klinische Bild der Manie ist in vieler Hinsicht konträr zur Depression. Aus biologischer Sicht sind wir davon ausgegangen, dass die Informationsübertragung in den Synapsen des Gehirns bei der Manie überbalanziert ist.

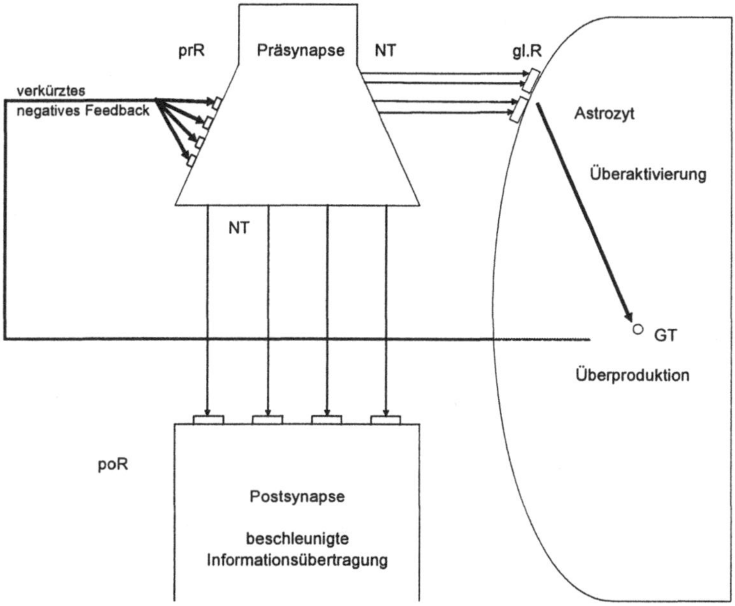

Die Anzahl der glialen Rezeptoren (glR) ist im Vergleich zur Anzahl der Neurotransmitter (NT) vermindert, so dass es zu einer „Überbesetzung“ der glR durch NT kommt. Dadurch ist die Aktivierung und Produktion von Gliotransmittern (GT) beschleunigt (fette Linie), so dass auch die Zyklen des negativen Feedback-Mechanismus verkürzt sind im Sinne einer zu raschen Informationsübertragung.

Abbildung 8. Modell einer überbalanzierten tripartiten Synapse, die für die zu rasche Informationsübertragung in der Manie verantwortlich sein könnte.

Abbildung 8 gibt eine schematische Darstellung einer überbalanzierten Synapse wider. Hier ist die Anzahl der glialen Rezeptoren (glR) vermindert, sodass diese Rezeptoren mit Neurotransmittern (NT) gleichsam überladen werden. Dadurch kommt es zu einer beschleunigten Produktion von Gliotransmittern (GT) im Astrozyten (fette Linie) und die Zyklen des negativen Feedbackmechanismus an den präsynaptischen Rezeptoren (prR) sind verkürzt. Eine derartige überbalanzierte tripartite Synapse könnte dafür verantwortlich sein, dass manische Patienten hoch ablenkbar sind, ein ideenflüchtiges Denken zeigen und motorisch äußerst hyperaktiv agieren.

Aus psychologischer Perspektive sind manische Patienten absolut überzeugt, dass jedweder Gedanke oder Idee sofort machbar ist. In anderen Worten: Maniker haben subjektiv überhaupt keine Probleme, ihre Intentionen zu verwirklichen, sie sind daher *hypointentional.* Diese Patienten gaukeln sich vor, dass sie intentionale Programme gar nicht erarbeiten und an der Wirklichkeit überprüfen müssen, da für sie alles möglich und passend ist (Mitterauer, 2004b).

Da die intentionale Programmierung aufgrund reduzierter glialer Rezeptoren mangelhaft ist, was als biologische Hypointentionalität bezeichnet werden kann, ist der Maniker auch apparativ dazu „verdammt“, nichts fertig machen zu können. Auf der Verhaltensebene führt er (sie) daher keine Gedanken zu Ende, macht keine Arbeit fertig und schläft kaum, da die Biorhythmen nicht durchgezogen werden können.

Das nicht machbare Evolutionsverbot in der Manie

Ein weiterer Effekt der rapiden synaptischen Informationsübertragung ist die Unfähigkeit des Manikers, Vergangenheit, Gegenwart und Zukunft zu bemessen. Es besteht daher eine Art Zeitlosigkeit. Die Ontogenese wird im Sinne einer Pseudopermanenz fehlinterpretiert, woraus ein Größenwahn entsteht. Wenn wir zeittheoretisch bei der Depression ein nicht machbares Evolutionsgebot angenommen haben, so liegt in der Manie ein nicht machbares Evolutionsverbot nahe. Nicht-Machbarkeit bedeutet, dass sich der Maniker an dieses Verbot nicht halten kann, vielmehr Unsinnshandlungen produziert. Manische Patienten sind in ihrer tiefen Seele überzeugt, allmächtig zu sein. Die architektonische Grundstörung liegt darin, dass sie der Illusion einer uneingeschränkten Machbarkeit erliegen, welche als Pseudo-Omnipotenz bezeichnet werden kann (Mitterauer, 2006b).

Akzeptanzmanie und Verwerfungsmanie

Die klinische Beobachtung und Behandlung hat im Laufe der Jahre dazu geführt, drei elementare Kommunikationsstile manischer Patienten zu unterscheiden. Eine Gruppe dieser Patienten beeindruckt durch ihre heitere Stimmung und ihre schicksalshafte Ergebenheit in die Behandlung, obwohl sie sich nicht nur gesund, sondern „herrlich" fühlen. Hier kann man von Akzeptanzmanie sprechen. Eine kleinere zweite Gruppe ist hoch gereizt, zornig und spontan aggressiv. Dieses gegenteilige manische Verhalten lässt sich als Verwerfungsmanie charakterisieren. Eine dritte Gruppe zeigt einen raschen Wechsel zwischen einem Akzeptanz- und einem Verwerfungsverhalten.

Im Zustand der Akzeptanzmanie ist die zwischenmenschliche Kommunikation von einer euphorischen Stimmung dominiert: „Alles läuft bestens". Akzeptanz bedeutet, dass diese Patienten die Reize aller Sinnesorgane sofort aufnehmen, sodass die Wahrnehmung hoch irritierbar ist. Wenn nun die daraus entstehenden ungeordneten Gedanken ausagiert werden, so kommt es zu unvollständigen und sinnlosen Handlungen. Das Sozialverhalten ist oft von Hemmungslosigkeit wie Hypersexualität und Größenideen bestimmt. Es kommt bisweilen aber auch vor, dass ein manischer Patient überangepasst ist. So sagte einer meiner Patienten immer wieder, wenn ich mit ihm reden wollte, stereotyp: „Stummer Diener". Hier bietet sich ein interessanter transkultureller Zusammenhang an: „Islam" bedeutet nämlich „Gottergebenheit". Darin mag eine mögliche Erklärung liegen, warum Patienten mit einer Akzeptanzmanie in der islamischen Gesellschaft problemlos integriert sind (El-Azayem, 1987).

In der Verwerfungsmanie ist das manische Verhalten geradezu diametral zur Akzeptanzmanie. Es herrscht hohe Reizbarkeit mit Zornausbrüchen. Die zwischenmenschliche Kommunikation ist daher von einer radikalen Verwerfung jedweder Information, die der Patient als störend empfindet, geprägt. Das Verwerfungsverhalten resultiert aus der biologisch begründbaren Hypothese, dass diese manischen Patienten ausschließlich akzeptieren, was zu ihren aktuellen und rasch wechselnden Intentionen passt und alles andere hoch gereizt und zornig verwerfen. Hier beruht die architektonische Psychopathologie wesentlich auf einer mangelhaften und augenblicklichen intentionalen Programmierung, deren Nicht-Machbarkeit auf die Umwelt projiziert wird. Trotzdem haben auch Patienten mit einer Verwerfungsmanie Größenideen im Sinne der Allmacht, da sie sich, vergleichbar dem hinduistischen Gott Shiva, allmächtig fühlen, indem sie alles, was ihnen im Wege ist, „zertrampeln".

Wie in der Depression hat die Typologie von Akzeptanz- und Verwerfungsmanie entscheidende Konsequenzen für den Umgang und die Behandlung manischer Patienten. Therapeutische Überlegungen gehen jedoch über das Thema dieser Abhandlung hinaus.

Die Hauptsymptome der akuten Schizophrenie sind Wahnideen, Halluzinationen und Denkstörungen (Frith, 1979). Wir sind davon ausgegangen, dass die synaptische Informationsübertragung in der Schizophrenie völlig unbalanziert ist, was es zunächst zu zeigen gilt. Wenn die glialen Rezeptoren (glR) am Astrozyten funktionsunfähig sind und daher nicht mit Neurotransmittern (NT) besetzt werden können, dann ist das synaptische System unbalanziert.

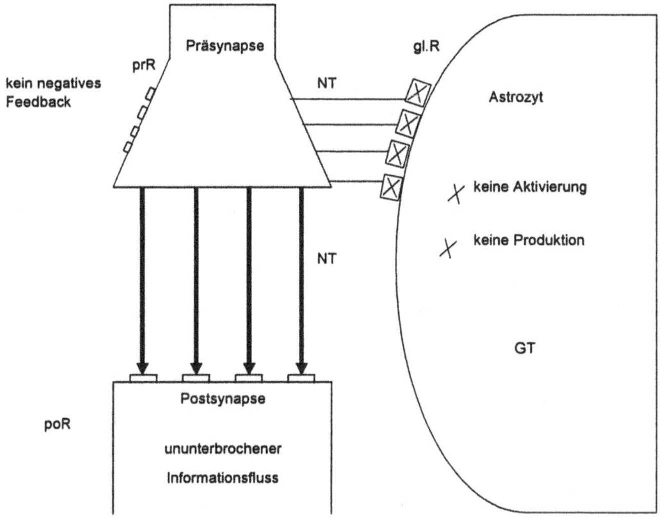

Funktionsunfähige gliale Rezeptoren (glR), mit Kreuzen gekennzeichnet, können nicht mit Neurotransmitter (NT) besetzt werden. Da dadurch die Aktivierung und Produktion von Gliotransmittern (GT) nicht erfolgen kann, findet überhaupt kein negativer Feedback-Mechanismus statt, so dass es zu einer ununterbrochenen Informationsübertragung in den Synapsen kommt (fette Pfeile).

Abbildung 9. Modell einer unbalanzierten tripartiten Synapse, die für die ununterbrochene Informationsübertragung in der Schizophrenie verantwortlich sein könnte

Wie in Abbildung 9 skizziert ist, sind die glialen Rezeptoren nicht funktionsfähig (als Kreuze dargestellt) und können daher nicht mit Neurotransmittern besetzt werden, so dass die Aktivierung der Gliotransmitter (GT) unmöglich ist. Es fehlen somit die Gliotransmitter, um an den präsynaptischen Rezeptoren (prR) einen negativen Feedbackmechanismus zu bewirken. Die Folge ist, dass die synaptische Informationsübertragung nicht unterbrochen werden kann und gleichsam durchrinnt, was die typischen Symptome der Schizophrenie bedingen könnte (Mitterauer, 2005b). Wie kommt es aber, dass die glialen Rezeptoren funktionsunfähig sind?

Auf der molekularen Ebene lässt sich zeigen, dass die Transkription eines Gens, welches sich aus codierenden Exonen und nicht-codierenden Intronen zusammensetzt, nur dann in Richtung der Produktion eines funktionierenden Proteins erfolgreich ist, wenn die nicht-codierenden Introne „herausgeschnitten" (splicing) werden. Dieses splicing entspricht einem Verwerfungsmechanismus. Ist nun dieser Splicing-Mechanismus aufgrund von Mutationen in dem Sinne gestört, dass die Introne nicht herausgeschnitten werden (non-splicing), so entspricht diese Störung einem Verlust des Verwerfungsmechanismus auf der molekularen Ebene (Mitterauer 2001). Ein non-splicing wirkt sich wiederum verheerend auf die Eiweißproduktion aus. Es entstehen nämlich missgebildete und kurzlebige Substanzen, die nicht funktionsfähig sind.

Dass in der Schizophrenie der synaptische Informationsfluss nicht unterbrochen werden kann, beruht auf dem Verlust der glialen zeitlichen, Grenzen setzenden Funktion.

Das gliale System verliert aber auch seine räumliche Grenzen setzende Funktion in der Interaktion mit dem neuronalen System. Normalerweise zeigt sich die gliale räumliche Grenzen setzende Funktion darin, dass die Glia das Gehirn auf dynamische Weise zu Funktionseinheiten zusammenfasst (Kompartemente), welche spezielle Operationen ausüben. Verliert die Glia ihre Grenzen setzende Funktion, dann lösen sich auch die eigenständigen Funktionseinheiten auf, sodass das Gehirn zu einer „kompartementlosen" Funktionseinheit wird. Auf diese Weise kann der Schizophrene in seinem Gehirn nicht mehr die notwendigen Unterscheidungen vornehmen, welche er (sie) für die Erkenntnis der Eigenständigkeit der Subjekte und Objekte in der Umwelt benötigen würde. Ich spreche daher von einem Verlust der Selbst-Grenzen in der Schizophrenie (Mitterauer, 2005a).

Schizophrenie könnte daher dadurch verursacht sein, dass der Patient unfähig ist, begriffliche Grenzen zu erkennen (beispielsweise sind das Selbst und die Anderen im Wahn dasselbe). Die wesentliche schizophrene Symptomatik lässt sich als Verlust nicht nur begrifflicher Grenzen, sondern auch – je nach befallenem Hirnareal – ontologischer, perzeptiver, motorischer und emotionaler Grenzen erklären. Dafür können zahlreiche klinische Beispiele gleichsam als Beweis erbracht werden.

Aus ontologischer Sicht stellt das schizophrene Denken eine besondere Herausforderung der Grundlagenforschung dar. Geht man davon aus, dass unser Gehirn normalerweise so gebaut ist, dass es aus vielen Funktionseinheiten oder ontologischen Orten besteht, um *in sich* die Vielfalt von Umweltbereichen erkennen zu können, dann gilt für subjektive Systeme die von Gotthard Günther entwickelte Polyontologie (Vielörtlichkeit). Die geltende klassische Logik ist hingegen generalisierend im Sinne einer Zweiwertigkeit. Sie formalisiert das Sein schlechthin und hat für die ontologische Eigenständigkeit subjektiver Systeme, wie wir Menschen es sind, keinen wirklichen formalen Raum. Überlegt man sich, dass das schizophrene Wirklichkeitserleben und die damit einhergehende Symptomatik gerade darauf beruht, dass die Generalisierung der Hirnfunktionen dazu führt, dass das eigene Gehirn zum Universum schlechthin wird, so operiert das schizophrene Gehirn eigentlich nach einer klassischen Logik, welche Wissenschaft und Technik bisher sehr weit gebracht hat.

Das schizophrene Zeiterleben

Wenn der Verlust der Selbstgrenzen bei der Entstehung der Schizophrenie tatsächlich eine grundlegende Rolle spielt, so stellt sich die Frage, wie sich diese Störung auf das subjektive Zeiterleben der Patienten auswirkt. Das Zeiterleben schizophrener Patienten ist janusgesichtig, wobei es beim einzelnen Patienten unterschiedlich zum Tragen kommt.

Geht man zunächst von unbalanzierten tripartiten Synapsen aus, so besteht ein permanenter, ununterbrochener Informationsfluss. Es könnte daher sein, dass Patienten, welche diese Störung „spüren", kein Zeitgefühl mehr haben. Sie befinden sich in einem „ewigen Jetzt". Dafür gibt es zahlreiche klinische Beispiele. Man könnte auch von einem „zeitlosen Gehirn" sprechen, in welchem also die Zeit keine Rolle spielt. Das klingt wie die Theorie des Physikers J. Barbour, wo die Zeit nicht real ist: „Zeit und Bewegung sind nichts als Illusionen" (Barbour 1999). Da ich zwischen meinem Hirnmodell und der Theorie Barbours Parallelen sehe, sollen Barbours einschlägige Ideen kurz beschrieben werden.

Barbours Universum ist ein geometrisch strukturiertes, statisches Tableau, welches aus platonischen Körpern (Dreiecken) zusammengesetzt ist. Er nennt es daher „Platonia". Spezifische Konfigurationen sind von einer Art Nebel bedeckt, unter dem eine „Zeitkapsel" verborgen ist. Diese Zeitkapsel stellt exakt das „Jetzt" dar. Jede Zeitkapsel ist ein komplettes, sich selbst enthaltendes und zeitloses Universum. Die Intensität des Nebels ändert sich nicht in der Zeit, jedoch von Ort zu Ort. Seine Intensität an einem bestimmten Ort ist jedoch ein Maß, wie viele platonische Konfigurationen mit diesem Ort korrespondieren. Jeder Weg durch „Platonia“ entspricht einer Folge von Dreiecken. Diese stellen Punkte dar, durch welche der Weg gleitet, wobei durch jeden Punkt viele Wege führen.

Nehmen wir an, dass das Gehirn schizophrener Patienten zwar ein physikalisches Universum ohne biologische Kompartementalisierung verkörpert, jedoch fähig ist, die vielen „Jetzt“, welche in der Struktur der neuronalen Netzwerke verborgen sind, zu erfassen. Diese Fähigkeit könnte ebenfalls erklären, wie Wahnideen und Halluzinationen entstehen. Die wesentlichen Symptome der Schizophrenie könnten darauf zurückzuführen sein, dass Konfigurationen oder die vielen „Jetzt“ aus der physikalischen Struktur des Tableaus des Gehirns gleichsam herausgelesen werden können. In einer derartigen statischen Struktur des Gehirns ist alles passend und nichts wird verworfen. Schärfer noch, die vielen „Jetzt“ haben keine Intentionen: „Wir sind alle Teil untereinander und jeder von uns ist gerade die Totalität der Dinge von seinem eigenen Standpunkt aus gesehen“ (Barbour 1999). Es ist faszinierend, wie nahe Naturwissenschaften und Schizophrenie beisammen liegen. Barbour beschreibt nämlich nicht nur sein wissenschaftliches Weltbild, sondern auch das subjektive Zeiterleben vieler schizophrener Patienten.

Berücksichtigt man hingegen meine molekulare Hypothese der Schizophrenie, so kommen evolutive Zeitmomente ins Spiel. Demnach beruht die Grundstörung der Schizophrenie darauf, dass nicht-codierende Introne bei der RNA-Transkription nicht herausgeschnitten (non-splicing) werden, wodurch es zu funktionsunfähigen Proteinen kommt. Überlegt man sich aber, dass die Folge der Nukleotide sowohl bei den Protein erzeugenden Exonen als auch bei den nicht-codierenden Intronen fehlerfrei ist, so stellt sich die geradezu metaphysische Frage, warum Introne keine Proteine codieren können. Die formale Potenz dazu ist jedenfalls vorhanden. Geht man von einer weiteren evolutiven Entwicklung unseres Gehirns aus, so ist nicht auszuschließen, dass der Mensch in eine noch nicht vorhersehbare Umwelt gerät, wo völlig neue Proteine erforderlich sind, um seine Existenz zu erhalten. Wenngleich derzeit die Einbeziehung des intronischen Codes noch zu funktionsunfähigen Proteinen führt, so könnte dennoch dieser „geheime Code“ irgendwann realisierbar sein. Demnach wären schizophrene Patienten zu „früh auf die Welt gekommen“ (Mitterauer 2004c). Die meisten Schizophrenen leiden unter der Nicht-Machbarkeit ihrer Ideen. Handelt es sich dabei vielleicht um eine „Noch-nicht-Machbarkeit“? Diese Überlegungen könnte man als bio-metaphysisch bezeichnen, sie haben daher nur wenig mit den gängigen evolutiven Theorien der Schizophrenie (Brüne 2004) zu tun.

Panpsychismus und Doppelgängertum

Bei eingehender Befragung erleben viele schizophrene Patienten die gesamte Wirklichkeit als beseelt. Man spricht von Panpsychismus. Dieses Wirklichkeitserleben ist ebenfalls Ausdruck des Verlustes der Selbst-Grenzen. Ich gehe davon aus, dass das ungestörte Gehirn aus vielen Selbst-Systemen besteht (Damasio 1992, Baars 1996, Mitterauer 1998). Die Grenzen zwischen diesen Systemen lösen sich im schizophrenen Gehirn auf.

Nehmen wir nun an, dass der Verlust der Grenzen zwischen den Subsystemen (Kompartementen) des Selbst sich auf die Wahrnehmung der Umwelt überträgt, so ist eine Unterscheidung zwischen dem Selbst und den Anderen (Nicht-Selbst) bzw. der Objekte in der Umwelt nicht möglich. Jedes gleicht dem anderen wie eine „endlose" Gleichung (Mitterauer 1983). Ein solches Gehirn wird zu einem universalen psychischen Zentrum, das seine selbst geschaffene psychische Qualität ununterscheidbar auf die gesamte äußere Welt überträgt. Dieses Wirklichkeitserleben kann man in philosophisch-psychiatrischer Terminologie wahnhaften Panpsychismus nennen.

Der rein philosophische Panpsychismus ist so definiert, dass die gesamte Natur aus psychischen Zentren, vergleichbar dem menschlichen Geist besteht (Runes 1959). Berühmte Vertreter des philosophischen Panpsychismus sind beispielsweise Thales von Milet (Diels/Kranz 1903), Giordano Bruno (1982), Gottfried W. Leibniz (1956) und Alfred N. Whitehead (1947). Auch die späte Metaphysik von William James kann als Panpsychismus interpretiert werden (Rosenzweig 1987). Aber worin liegen die Unterschiede zwischen einem philosophischen und einem wahnhaften Panpsychismus?

Der Philosoph extrapoliert alle seine Subsysteme auf das Universum, ist sich jedoch der Grenzen bewusst. So schreibt Whitehead als Vertreter des Panpsychismus treffend: „Das Unendliche an sich ist wert- und bedeutungslos. Es bekommt erst dann Bedeutung, wenn es sich in begrenzten Eigenschaften verkörpert." (Whitehead, 1947) Beim wahnhaften Panpsychismus hingegen ist das lebende Gehirn des Patienten das Universum im Sinne eines unbegrenzten und omnipotenten Selbst. Alles, was im Gehirn des Patienten geschieht, ist daher wirklich. Dieser Verlust der Selbst-Grenzen im Gehirn bzw. zwischen dem Selbst und der Umwelt, welcher wiederum zu einer Fehlinterpretation der Realität führt, dürfte seine Wurzeln im molekularen Mikrokosmos haben.

Eine besondere Spielart des wahnhaften Panpsychismus ist die Überzeugung von so manchem schizophrenen Patienten, dass er Doppelgänger hat. Das eigene Selbst gilt hier für eine beliebige Anzahl von Menschen, wobei keinerlei Tendenz besteht, sich mit diesen Doppelgängern auseinanderzusetzen. Das verwundert nicht, wenn man von einem Verlust der Selbst-Grenzen im schizophrenen Gehirn ausgeht, weil ja die Eigenständigkeit eines anderen Selbst nicht wirklich erkannt werden kann und das wahnhafte Doppelgängertum nichts anderes ist als eine „nominelle" Verallgemeinerung der eigenen Person (Selbst). Eine andere Erklärungsmöglichkeit ist, dass alle Selbst-Systeme im Gehirn schizophrener Patienten gleich sind und daher qualitative Unterschiede zwischen Subjekten nicht erkannt werden können.

Narziss und Echo.
Architektonischer Mythos der wahnhaften Nicht-Machbarkeit

Nicht nur in den heiligen Schriften der Religionen, sondern auch in den Mythen der Völker sind grundlegende Erkenntnisse über das Wesen des Menschen verborgen. Ich will, an das Ende dieses Aufsatzes gekommen, noch zu zeigen versuchen, dass der Mythos von Narziss und Echo vom Prinzip der Architektonik getragen ist, allerdings als schwere Störung im Sinne der wahnhaften Nicht-Machbarkeit. Aus diesem Blickwinkel möchte ich nun eine Interpretation dieses Mythos, so wie ihn Ovid (1983) in seinen Metamorphosen beschrieben hat, versuchen.

Der schöne Jüngling Narziss streift durch die Wälder. Da sieht ihn die wunderbare Nymphe Echo und verliebt sich in ihn. Sehnend nach seiner Liebe folgt Echo dem Narziss, doch sie kann ihn nicht erreichen, er erkennt ihre Liebe nicht. Die Nymphe kann nur unvollständig wiederholen, was der Jüngling spricht. Narziss kommt dann an eine Quelle, wo er trinken will. Er beugt sich über das Wasser und sieht plötzlich sein Spiegelbild. Er verliebt sich sofort in diesen schönen Jüngling, weil er nicht erkennt, dass es sich um sein Spiegelbild handelt. Er will diesen wunderschönen Jüngling im Wasser berühren, doch bei jedem Versuch verzerrt sich das Bild und entschwindet in den Wellen der Quelle. Auch die Tränen, welche er aus unerfüllter Sehnsucht und Liebe zu seinem Ebenbild vergießt, lassen seine schöne Gestalt im Wasser verschwinden: „Er sieht es und ruft: Ach wohin entfliehst du? Verweile, verlasse nicht grausam den, der dich liebt." „Es bleibe, was nicht zu berühren vergönnt ist, doch mir zu schauen und Nahrung dem elenden Wahne zu geben!" (Ovid 1983) Entkräftet vom Kummer unerfüllbarer Liebe stirbt Narziss schließlich. Echo kann nur seine letzten „Lebewohl"-Worte wiederholen. Sie zieht sich in die Wälder zurück und bedeckt aus Scham ihr Gesicht mit Blättern. Von da an lebt Echo in einsamen Grotten. Der Leib des Narziss war entschwunden, er lebt in einer Blume weiter, die man nach ihm benannt hat.

Ich habe mich mit diesem Mythos immer wieder beschäftigt und sehe mittlerweile seine Kernaussage darin, dass im Wahn keine wirkliche zwischenmenschliche Begegnung stattfinden kann. Das Verhalten von Narziss ist nicht nur ein dichterisches Beispiel für reine Selbstliebe, die auf einem Verlust der Selbst-Grenzen beruht, sondern betrifft vor allem auch seine Unfähigkeit, die liebende Nymphe Echo in ihrer individuellen Existenz zu erkennen. Dieser Mythos kann daher nur dann verstanden werden, wenn man sowohl das Verhalten des Jünglings als auch jenes der Nymphe mit einbezieht.

In der Sprache der Architektonik der Schizophrenie leiden die beiden Verliebten unter einer Dysintentionalität. Damit ist ausgedrückt, dass ihre Intentionen (Liebessehnsucht) nicht verwirklicht werden können. Man kann auch von wahnhafter Nicht-Machbarkeit sprechen. Narziss kann zwischen sich und seinem Spiegelbild keinen Unterschied erkennen, hält dieses vielmehr für die Verkörperung seiner Selbst, vergleichbar einem Doppelgänger. Wir führen diese wahnhafte Fehlinterpretation darauf zurück, dass alles, was im Gehirn des Jünglings geschieht, für ihn Realität bedeutet, totale Eigenbeziehung also. Alle Versuche, die Realität seiner Wahrnehmung und der damit einhergehenden Liebesintention zu überprüfen, scheitern (in den Wellen der Quelle). Echo wiederum, die unter keiner wahnhaften Selbstliebe leidet und daher die Existenz des Jünglings in seiner ontologischen Eigenständigkeit erkennen kann, scheitert in ihrer Liebesintention am Verhalten von Narziss. Sie kann ihn nur bruchstückhaft verstehen. Echo hält nur einen Scheinkontakt zu Narziss, indem sie seine Worte bruchstückhaft wiederholt. Genau so geht es uns, wenn wir versuchen, tiefer in die Wahnwelt eines Patienten hineinzukommen. Obwohl wir versuchen, die Patienten immer tiefer zu verstehen, so bleibt unser Verstehen letztlich bruchstückhaft. Warum ist dies so?

Als „behandlungsversuchende" Menschen gehen wir ja von der ontologischen Eigenständigkeit nicht nur von uns selbst, sondern auch von jener eines schizophrenen Patienten aus. Diese unsere Individualität kann der Patient aber nicht wirklich erkennen, wir sind vielmehr Statisten in einer Wahnwelt, die in seinem Gehirn erzeugt wird. Aufgrund eines Verlustes der Selbst-Grenzen kann der Schizophrene seine Intentionen sozusagen außerhalb seines Gehirns nicht realisieren, weil durch das Nicht-Erkennen der ontologischen Eigenständigkeit eines Du eine wirkliche zwischenmenschliche Begegnung nicht machbar ist. Der Patient ist daher Argumenten aus unserer Realität, wie etwa der Unmöglichkeit des Inhaltes einer Wahnidee, nicht zugänglich. Damit sich ein wahnhafter Patient von uns wenigstens etwas verstanden erlebt, müssen wir in Gesprächen seine Wahnwelt gleichsam wiederholen. In der Sprache des Mythos zeigt sich die Nicht-Machbarkeit der Begegnung mit wahnhaften Patienten vor allem auch darin, dass wir in unserem Streben, den Patienten verständnismäßig näher zu kommen, eigentlich nur – vergleichbar der Nymphe Echo – seine dysintentionalen Wahnideen bruchstückhaft wiederholen können. Wenngleich erfahrungsgemäß mit Schizophrenen, vor allem wenn sie eine entsprechende biologische Behandlung haben, ein guter Alltagskontakt möglich ist, findet dennoch, sobald die Wahnwelt zum Tragen kommt, keine wirkliche zwischenmenschliche Begegnung statt. Wir können aber wenigstens die Dysintentionalität unserer Patienten im Sinne eines Leidens von nicht-machbaren zwischenmenschlichen Begegnungen teilen.

Schlussbetrachtungen

Meine Grundlagenstudien zur Psychopathologie haben mich zuletzt darauf hingewiesen, dass sie von einer Metaphysik der Technik getragen sind. Ich habe mich daher entschieden, in der vorliegenden Abhandlung von einer „architektonischen Psychopathologie“ zu sprechen. Man könnte nun einwenden, dass schon allein der Begriff der Technik zu einer reduktionistischen Seelenheilkunde führt. Ich strebe aber mit meinem neuen Forschungsansatz gerade das Gegenteil an.

Überlegt man sich zunächst, dass die zeitgenössische Psychiatrie äußerst theoriearm, um nicht zu sagen theoriefeindlich ist. Zweifelsohne haben die Psychopharmaka in der Behandlung schwerer psychischer Erkrankungen eine gewisse Linderung gebracht, man darf sie nur nicht als „Heilmittel“ propagieren, was die Proponenten der biologischen Psychiatrie allzu oft tun. Aufgrund der ökonomischen Förderung der biologisch orientierten Psychiatrie durch die Pharmakonzerne ist eine gewisse philisterhafte Zufriedenheit entstanden, sodass man das nach wie vor bestehende Nichtwissen über die Entstehung psychischer Erkrankungen weitgehend ignoriert. Es werden lediglich aus dem Ozean neuer molekularbiologischer Befunde welche herausgefischt und dann mit dem Argument publiziert, dass der neue Befund bei einer der psychobiologischen Erkrankungen eine Rolle spielen dürfte. Hypothesen oder gar Theorien, die nach etwas Bestimmten suchen, sind hingegen eine Seltenheit.

Um dem Verständnis existentieller Phänomene des Menschen näher zu kommen, ist ein interdisziplinärer Forschungsansatz vonnöten (Mitterauer, Kopp, 2003). Darin sind sich heute alle wirklichen Wissenschaftler einig. Das Prinzip der Architektonik ist daher eine Technik, die das Problem der Machbarkeit menschlicher Intentionen unter dem Blickwinkel biologischer, physikalischer, psychologischer und logisch-philosophischer Forschungsansätze abzuhandeln und tiefer zu verstehen versucht. Wenngleich es sich hier auch um einen kybernetischen Forschungsansatz im Sinne der Interdisziplinarität handelt, glaube ich dennoch, eine gewisse Eigenständigkeit beanspruchen zu können.

Die im ersten Teil dieses Buches niedergeschriebene Metaphysik der Technik ist ein unbescheidener Versuch, eine Theorie der Technik aufzustellen, die eigentlich auf einer Gottesauslegung beruht. Ich habe mich dabei in das unauslotbare Reich der Metaphysik vorgewagt und damit auch die Grenzen empirischer Objektivierung überschritten. Wenn William James (1904, 1977) zur Überzeugung gekommen ist, dass aus der Perspektive der „reinen Erfahrung“ Bewusstsein überhaupt nicht existiert, dann ist es für ihn eigentlich ein metaphysischer Begriff. Es könnte durchaus sein, dass auch die so genannten Geistes- und Gemütserkrankungen (Psychosen) niemals empirisch erfassbar sind und letztlich metaphysische Phänomene darstellen, die eng mit unserer ontologischen Begrenztheit zusammenhängen. Aber das ist eine andere Geschichte.

Literatur

Akiskal, H.S. (1995): Mood disorders: Clinical features. In: Kaplan H.J., Sadock, B.J. (eds.) Comprehensive textbook of psychiatry. Baltimore: Williams and Wilkins, p 1123-52

American Psychiatric Association (1998): Diagnostic and statistical manual of mental disorders. Washington: American Psychiatric Association.

Araque A.; Parpura V.; Sanzgiri R. P.; Haydon, P. G. (1999). Tripartite synapses: glia, the unacknowledged partner. Trends Neurosci 22: 208-214.

Baars, B. J. (1996). Understanding subjectivity: global workspace theory and the resurrection of the observing self. J. Consc. Stud. 3: 211-216.

Barbour, J. (1999). The end of time. Weidenfeld and Nicolson, London.

Bennett, C. L. (2006). Cosmology from start to finish. Nature 440: 1126-31.

Bhattacharya, K.; James R. D. (2005). The material is the machine. Science 307: 53-54.

Bibring, E. (1953): The mechanism of depression. In: Greenacre, P. (ed.) Affective disorders. New York: International University Press, p 13-28.

Bongard, J. et al. (2006). Resilient machines through continuous self-modeling. Science 314: 1118-21.

Brüne, M. (2004). Schizophrenia – an evolutionary enigma? Neurosci. Behav. Rev. 28: 41-53

Bruno, G. (1982). Von der Ursache, dem Prinzip und dem Einen. Meiner, Hamburg.

Damasio, A. R. (1992). The selfless consciousness. Behav. Brain Sci. 15: 208-209.

Diels, H.; Kranz W. (Hrg., 1903). Die Fragmente der Vorsokratiker, Kröner, Berlin.

Dilling, H., et al. (1993). Internationale Klassifikation psychischer Störungen. Huber-Verlag, Bern.

El-Azayem, G. M. A. (1987). The islamic model in the field of mental health. World Federation for mental health, Cairo, Congress paper.

Fodor, J. (2000). The mind doesn't work that way. The MIT Press Cambridge, MA.

Foerster, H. von (1974). Kybernetik und Erkenntnistheorie. In: Kybernetik und Bionik, Keidel, W. D. et al. (Hg.), R. Oldenbourg, München, SS. 23-36.

Freud, S. (1917). Trauer und Melancholie. In: Gesammelte Werke. Bd. X. S. Fischer, Frankfurt/Main.
Frith, C. D. (2979). Consciousness, information processing and schizophrenia. Br. J. Psychiatry 134: 225-235.
Gehlen, A. (1933). Theorie der Willensfreiheit. Berlin, Junker und Dünnhaupt.
Glass, C. W. (2007). Computer entdecken neue Welten. Spektrum der Wissenschaft 1: 18-21.
Gödel, K. (1995). Lecture on rotating universes. In: Kurt Gödel, Collected works, Feferman S. et al (eds.) Vol. III, Oxford University Press, Oxford, pp. 269-287.
Günther, G. (1962). Cybernetic ontology and transjunctional operations. In: Self-organizing systems, Yovits, Jacobi and Goldstein (eds.), Spartan Books, Washington D.C., pp. 313-392.
Günther, G. (1963). Das Bewusstsein der Maschinen. Agis-Verlag, Baden-Baden.
Günther, G. (1971). Natural numbers in trans-classic systems. Journal of Cybernetics 1:50-62.
Günther, G. (1973). Life as Poly-Contexturality. In: Wirklichkeit und Reflexion, W. Schulz (Hrg.), Neske, Pfullingen, SS. 187-210.
Günther, G. (1975). Das Janusgesicht der DialektikIn: Hegel-Jahrbuch 1974, Beyer, W. R. (Hrg.), Köln, Pahl-Rugenstein, SS. 98-117.
Günther, G. (1991). Idee und Grundriss einer nicht-aristotelischen Logik. Anhang 1: Das Phänomen der Orthogonalität. Meiner, Hamburg.
Heidegger, M. (1959). Unterwegs zur Sprache. Neske-Verlag, Pfulbingen.
Heidegger, M. (1972). Sein und Zeit. Niemeyer, Tübingen.
Heidegger, M. (1978). Die Frage nach der Technik. In: Vorträge und Aufsätze, Neske, Pfullingen, SS. 9-40.
Heinrich von Gent (1518). Quodlibeta. Fol. XXXIVr. Paris.
Iberall, A.S., McCulloch, W.S. (1969): The organizing principle of complex living systems. Transactions of the ASME 6: 290-294.
James, W. (1977). Does „consciousness“ exist? In: The writings of William James, McDermott (ed.), The University of Chicago Press, Chicago, pp. 169-183.
Kanitscheider, B. (2007). Es war kein Gott. Spektrum der Wissenschaft 12: 126.
Kant, I. (1998). Kritik der reinen Vernunft. Meiner, Hamburg.
Kilmer, W.L., McCulloch, W.S., Blum, J. (1969): A model of the vertebrate central command system. International Journal of Man-Machine Studies 1: 279-309.
Klibansky, R., et al. (1992). Saturn und Melancholie. suhrkamp taschenbuch wissenschaft. Suhrkamp, Frankfurt/Main.

Körkel, T. (2007). Startschuss für die Suche der großen Unbekannten. Spektrum der Wissenschaft 12: 44-48.

Krippendorff, K. (1986). A dictionary of cybernetics. University of Pennsylvania. The Annenberg School for communications.

Leibniz, G. W. (1956). Monadologie. Meiner, Hamburg.

Leibniz, G. W. (1968). Die Theodizee. Meiner, Hamburg.

Mahrholdt, E. (1959). Der Mensch und Dichter Georg Trakl. In: Erinnerungen an Georg Trakl. Otto Müller-Verlag, Salzburg.

Maturana, H. R. (1970). Biology of Cognition. BCL report, vol. 9. University of Illinois, Urbana.

McCulloch, W. S. (1945). A heterarchy of values determined by the topology of nervous nets. Bull. Math. Biophys. 7: 89-93.

McCulloch, W. S. (1965). Embodiments of mind. The MIT Press, Cambridge, MA.

McCulloch, W.S. (1966): Commentary. In: Thayer, L. (ed.) Communication: Theory and research. Springfield: Thomas Publisher.

Mentzos, S., Münch, A (Hrsg.) (2002). Psychose und Sucht. Vandenhoeck u. Ruprecht, Göttingen.

Mitterauer B. (1981). Das suizidale Achsensyndrom. Eine medizinisch-biologische Studie zur Abschätzung der Suizidalität. Wiener Medizinische Wochenschrift, Supplement Nr. 68, SS. 1-28.

Mitterauer, B. (1983). Zeit und Begegnung. Entwurf einer Psychopathologie der menschlichen Kommunikation. In: Der gewandelte Schizophreniebegriff, Mitterauer, B., Rainer, E. (Hrg.), Beltz, Weinheim,, SS. 167-188.

Mitterauer, B. (1989). Architektonik. Entwurf einer Metaphysikder Machbarkeit. Brandstätter, Wien.

Mitterauer, B. (1994): Biokybernetik der Depression. Der informierte Arzt 1: 50-57.

Mitterauer, B. (1998). An interdisciplinary approach towards a theory of consciousness. BioSystems 45: 99-121.

Mitterauer, B. (2000). Some principles for conscious robots. Journal of Intelligent Systems 10: 27-57.

Mitterauer, B. (2001). The loss of ego boundaries in schizophrenia: a neuromolecular hypothesis. Med. Hypotheses 56(5): 614-621.

Mitterauer, B. (2003a): Das Prinzip des Narzissmus – Modell der polyontologischen Selbstreferenz. Grundlagenstudien aus Kybernetik und Geisteswissenschaft 44: 82-87.

Mitterauer, B. (2003b). Grundlagen der Selbstmordverhütung. Gesammelte Studien. Manz, Wien.

Mitterauer, B. (2004a). Löwenherz. Dialoge über die Grenzen. Bibliothek der Provinz, Weitra.
Mitterauer, B. (2004b): Imbalance of glial-neuronal interaction in synapses: a possible mechanism of the pathophysiology of bipolar disorder. Neuroscientist 10: 199-206.
Mitterauer, B. (2004c). Too soon on earth. Towards an interdisciplinary theory of schizophrenia. Journal of the BWW Society. www.bwwsociety.org/journal/html/contents.htm.
Mitterauer, B. (2005a). Verlust der Selbstgrenzen. Entwurf einer interdisziplinären Theorie der Schizophrenie. Springer, Wien.
Mitterauer, B. (2005b): Nonfunctional glial proteins in tripartite synapses: a pathophysiological model of schizophrenia. Neuroscientist 11: 192-198.
Mitterauer, B. (2006a): Entwurf eines Modells subjektiver mobiler autonomer Roboter. Grundlagenstudien aus Kybernetik und Geisteswissenschaft 47: 64-68.
Mitterauer, B. (2006b). Pseudoomnipotence. A model of the manic syndrome. In: New developments in mania research, Kotlar, M. B. (ed.), Nova Science Publishers, New York, pp. 161-178.
Mitterauer, B. (2007a). Where and how could intentional programms be generated in the brain. A hypothetical model based on glial-neuronal interactions. BioSystems 88: 101-112
Mitterauer, B. (2007b): Therapie von Entscheidungskonflikten: Das Volitronics Prinzip. Wien: Springer Verlag.
Mitterauer, B. (2007c). Einzigartigkeit. In: Herr erbarme Dich unser. Paracelsus-Verlag, Salzburg.
Mitterauer, B.; Kopp, C (2003). The self-composing brain: Towards a glial-neuronal brain theory. Brain and Cognition 51: 357-367.
Mitterauer, B., Pritz, W.F. (1981): Entwurf einer Dialektik der pränatalen Kind-Mutter-Beziehung. Zeitschrift für klinische Psychologie und Psychotherapie 29: 28-44.
Nikolaus von Kues (1994). Die belehrte Unwissenheit, P. Wilpert (Hrg.), Buch I, Meiner, Hamburg.
Ovidius Naso, P. (1983). Metamorphosen. Artennis Verlag, München-Zürich.
Pickover, C. A. (1999). Die Mathematik und das Göttliche. Gödels mathematischer Beweis für die Existenz Gottes, Spektrum Akademischer Verlag, Heidelberg, SS. 351-374.
Platon (1982). Die Gesetze. Sämtliche Werke, Band III, Heidelberg, Lambert Schneider, SS. 217-663.
Platon (1983). Timaios. In: Platon, Sämtliche Werke, E. Loewenthal (Hrg.), Lambert Schneider, Heidelberg, SS. 91-191.

Pollard, K. S. et al. (2006). An RNA gene expressed during cortical development evolved rapidly in humans. Nature 443: 167-172.
Rosenzweig, S. (1987). Sally Beauchchamp's career: a psychoarchaelogical key to Morton Prince's classic case of multiple personality. Genet Soc. Gen. Psychol. Monogr. 113: 5-60.
Rothuber, H., Kralovec, K., Yazdil, K., Mitterauer, B. (2007): Loss of self-understanding: a behavior-oriented model of depression. Med Sci Monit 13: CR 1-CR 7.
Runes, D. D. (1959). Dictionary of philosophy. Littlefield, Adams, Ames.
Searle, J. R. (2004). Mind: a brief introduction. Oxford, University Press.
Shianna, K. V.; Willard, H. F. (2006). In search of normality. Nature 444: 428-429.
Smolin, L. (2004). Quanten der Raumzeit. Spektrum der Wissenschaft 3: 54-63.
Spinoza, B. (1982). Sämtliche Werke. Gebhardt et al. (Hrg.), Meiner, Hamburg.
Spitzer, C., et al. (2006). Rezidivierende depressive Störung bei Caspar David Friedrich. Fortschr. Neurol. Psyachiatr. 74: 392-399.
Steiger, J. A. (1996). Melancholie, Diätik und Trost: Konzepte der Melancholie und 17. Jahrhundert. Manutius-Verlag, Heidelberg.
Szilasi, W. (1946). Macht und Ohnmacht des Geistes. Alber-Verlag, Freiburg.
Tebartz van Elst, L. (2007). Alles so schön bunt hier. Die Zeit 34, 16.08.
Tegmark, M. (2003). Paralleluniversen. Spektrum der Wissenschaft 8: 34-45.
Tegmark, M. (2007). Many lives in many worlds. Nature 448: 23-24.
Tellenbach, H. (1974). Melancholie. Problemgeschichte, Endogenität, Typologie, Pathogenese, Klinik. Springer-Verlag, Berlin.
Veneziano, G. (2004). Die Zeit vor dem Urknall. Spektrum der Wissenschaft 8: 30-39.
Wapenaar, K.; Snieder, R. (2007). Chaos tamed. Nature 447: 643.
Werner, G. (2007). Metastability, criticality and phase transition in brain and its models. BioSystems 90: 496-508.
Whitehead, A. N. (1947). Essays in science and philosophy. Philosophical Library, New York.
Whitehead, A. N. (1957). The concept of nature. Ann Arbor Books, The University of Michigan Press.
Zinterhof, P. (2007): Computersimulation des Prinzips der redundancy of potential command (unveröffentlicht)

Verzeichnis der Abbildungen und Tabellen

Technik

Architektonik

Sachregister

Namensregister

FSC
www.fsc.org
MIX
Papier | Fördert
gute Waldnutzung
FSC® C083411

Kolibri 360 GmbH
Ferdinand-Jühlke-Straße 7
99095 Erfurt, Deutschland
produktsicherheit@kolibri360.de